Nouvelles sportives

Anthologie

LE DOSSIER

Huit nouvelles sur le thème du sport

L'ENQUÊTE

Les Jeux olympiques : hier et aujourd'hui

Notes, dossier et enquête
Chloé Chouen-Ollier
certifiée de Lettres modernes

Collection dirigée par
Bertrand Louët

Hatier

Sommaire

OUVERTURE 4

Nouvelles sportives

La Soixante-quinzième minute, D. Paganelli 12

Olympiades, P. Fournel 23

La Cavalière, P. Fournel 26

Le Tueur, P. Fournel 30

Coup de pompe, P. Fournel 34

Discobole, antiquité romaine, Rome, musée du Vatican.

ISBN : 978-2-218-96300-1

Le Crack, P. Fournel 38

Main courante, D. Daeninckx 44

Solitude numérique, D. Daeninckx 50

LE DOSSIER

Huit nouvelles sur le thème du sport

Repères 54

Parcours de l'œuvre 58

Textes et images 72

L'ENQUÊTE

Les Jeux olympiques : hier et aujourd'hui 76

Petit lexique littéraire 88

À lire et à voir 90

* Tous les mots suivis d'un * sont expliqués dans le lexique, p. 88-89.

La 75e minute

Qui sont les personnages ?

FRANZ BINDER

Il est l'attaquant du Rapid de Vienne, l'équipe autrichienne. Courageux et plein de rage face à l'équipe adverse, il est le seul à pouvoir faire basculer le match…

MATHIAS SINDELAR

Surnommé « le Mozart du football » en référence à ses prouesses sur un terrain, il est l'ancien héros de la Wunderteam, l'équipe nationale autrichienne. De religion juive, il refuse de jouer en arborant la croix gammée.

L'ÉQUIPE DE FRANCE DE FOOTBALL

Zinedine Zidane, Lilian Thuram et Bixente Lizarazu font partie de l'équipe de France de football sacrée championne du monde en juillet 1998.

Quelle est l'histoire ?

Le 19 août 1998, l'équipe de France de football dispute un match amical contre l'équipe d'Autriche, au stade du Prater, à Vienne. À la 75e minute, au moment où Thuram fait une touche, tous les spectateurs du stade applaudissent. Pour comprendre ce geste, il faut remonter à l'époque de la Seconde Guerre mondiale…

Le 4 juillet 1941, se joue à Berlin, la finale du championnat d'Allemagne entre Schalke, l'équipe allemande, et le Rapid de Vienne. Les dignitaires nazis attendent que l'équipe de Westphalie démontre la supériorité de l'Allemagne. Le même jour, des centaines de juifs sont emmenés dans le ghetto de Lodz en Pologne.

Le but

Sous couvert de retracer un événement sportif historique, cette nouvelle, qui se déroule principalement pendant la Seconde Guerre mondiale, permet d'engager une critique du racisme et de l'antisémitisme, et de dénoncer la politique nazie.

Hitler durant les Jeux olympiques de Berlin, août 1936.

Dominique Paganelli

Dominique Paganelli.

● DU JOURNALISME...

Journaliste français, Dominique Paganelli est le fondateur des *Cahiers du football*, magazine dont il est le rédacteur en chef de 1991 à 1993. Il travaille ensuite pour les services politiques de radios comme le Quotidien de Paris, RMC ou encore Europe 1, puis intervient comme reporter pour plusieurs émissions de grandes chaînes, notamment Canal +, France 2 (Complément d'enquête), France 3 (La Marche du siècle), TF1 (Sept à huit), M6 (Zone interdite)...

● ...À L'ÉCRITURE DE FICTION

En 2006, il fait paraître un recueil de nouvelles intitulé *Libre arbitre*, inspiré d'anecdotes liées au football. Deux ans plus tard, il publie avec Tignous une bande dessinée, *Le Procès Colonna*, qui remporte le prix France Info de la bande dessinée d'actualité. Il réalise aujourd'hui des documentaires.

Olympiades

Qui sont les personnages ?

ALBERTO TORAN

Athlète de haut niveau, spécialiste du 400 m haies, il a été trois fois médaillé d'or aux Jeux olympiques et n'a jamais perdu une compétition. Ce grand séducteur, très médiatisé, donne l'image d'un sportif à l'aise dans tout ce qu'il fait.

« LE PETIT JEUNE »

Coureur du 400 m haies, il a la caractéristique de porter, lors de la finale, des chaussettes fluos. Bénéficiant de l'abandon de Toran, il remporte la course malgré un temps désastreux.

LES JOURNALISTES

Ils tentent de comprendre les raisons du départ d'Alberto Toran et, faute d'informations, diffusent des rumeurs sur le coureur, sans jamais découvrir la vérité...

Quelle est l'histoire ?

La nouvelle se déroule dans un lieu et à une époque imprécis, mais on devine qu'on est au XXe siècle et on sait qu'on est à quatre mois des Jeux olympiques. Alberto Toran, athlète adulé et roi incontesté de la piste depuis quatorze ans, doit courir la finale du 400 m haies.

Spectateurs et journalistes, venus assister à la course, sont tous certains de sa victoire. Mais surprise : au moment de la finale tant attendue, Alberto quitte ses chaussures et fait un tour d'honneur. Jamais plus il ne reviendra sur une piste.

Le but

À travers cette anecdote, Paul Fournel montre que le mental d'un coureur est tout aussi important, si ce n'est plus, que sa préparation physique.

Samuel Kamau Wansiru (Kenya), vainqueur du Marathon aux Jeux olympiques de Pékin le 24 août 2008.

Paul Fournel.

Paul Fournel (né en 1947)

● UN OULIPIEN AUX NOMBREUX PRIX

Ancien élève de l'École normale supérieure de Saint-Cloud, Paul Fournel commence sa carrière d'écrivain en 1972 avec *Clefs pour la littérature potentielle*, livre consacré à l'Oulipo (Ouvroir de Littérature Potentielle). Il publie par la suite nombre de poèmes, nouvelles et romans couronnés pour la plupart de prix littéraires : *Les petites filles respirent le même air que nous* (1978), *Les Athlètes dans leur tête* (Grand Prix de littérature sportive 1988, Goncourt de la nouvelle 1989), *Foraine* (Prix Renaudot des lycéens 1999), *Besoin de vélo* (Prix Sport-Scriptum 2001, prix Louis Nucéra 2002).

● UN HOMME AUX MULTIPLES FACETTES

Parallèlement à sa carrière d'écrivain, Paul Fournel dirige l'Alliance française de San Francisco, devient attaché culturel au Caire, responsable des littératures, des théâtres et des cinémas à l'*Encyclopaedia Universalis*. Il est ensuite nommé directeur littéraire de plusieurs maisons d'édition comme Slatkine, Ramsay et Laffont (éditions Seghers).
De 1994 à 1996, il enseigne à l'Université (Paris III et VIII).
En mai 2003, il prend les fonctions de Président de l'Oulipo.
Depuis fin 2007, il dirige le Bureau du Livre à l'Ambassade de Londres.

Main courante

Qui sont les personnages ?

LE NARRATEUR

Inspecteur de police depuis vingt ans à Courvilliers, il semble désabusé, n'aime pas la ville dans laquelle il travaille et fait preuve d'une grande indifférence envers ses collègues.

M. ET Mme RIBOT

La mort de son époux, grand amateur de cyclisme décédé dans des circonstances étranges, rend Mme Ribot hystérique. Elle se montre ensuite abattue face à ce drame dont elle se croit responsable.

LES STAGIAIRES DU NARRATEUR

Subalternes, ils effectuent le travail ingrat et doivent obéir à l'inspecteur sans rechigner. L'un d'eux va néanmoins contribuer à éclaircir les circonstances du décès.

Quelle est l'histoire ?

L'histoire se déroule dans la petite ville de Courvilliers. Le moment de l'action est postérieur à 1984, mais le texte reste imprécis concernant la date exacte. Un inspecteur reçoit un jour un coup de téléphone d'une femme en pleurs, Mme Ribot, qui signale le décès de son mari.

Arrivé dans l'appartement, l'inspecteur découvre un simple vélo d'appartement devant une télévision qui diffuse le Tour de France de 1982. Il en déduit que l'homme était cardiaque. L'épouse se lance dans d'incompréhensibles explications, sans véritablement donner d'éclaircissements...

Le but

Dans cette nouvelle policière, Didier Daeninckx exploite le fait divers point de départ d'une enquête et recourt à un humour particulièrement grinçant pour se livrer à une satire du sport d'intérieur.

Vélo d'appartement.

Didier Daeninckx.

Didier Daeninckx (né en 1949)

● DES DÉBUTS D'ÉCRIVAIN FULGURANTS

Didier Daeninckx commence par exercer, pendant une quinzaine d'années, les métiers d'ouvrier imprimeur, animateur culturel et journaliste local.
En 1983, il publie son premier livre : *Meurtres pour mémoire*, roman policier couronné de prix (Prix Paul Vaillant Couturier 1984, et Grand Prix de littérature policière 1985).
Ce roman retrace la répression policière face aux Algériens en 1961, et met en scène l'inspecteur Cadin, qui devient une figure récurrente de l'œuvre du romancier.

● UN AUTEUR ENGAGÉ

Cet écrivain, convaincu que l'histoire ne doit jamais être oubliée, publie de nombreux romans noirs parmi lesquels *La mort n'oublie personne* (1989), *Lumière noire* (1987), *Mort au premier tour* (1997). Parallèlement, paraît en 1988 son premier livre pour la jeunesse : *Le Chat de Tigali*, qui dénonce le racisme. Daeninckx est également auteur de nombreuses nouvelles qui évoquent des faits divers sur les thèmes de la télévision, du sport, etc. : *Zapping* (Prix Louis Guilloux 1993), *Main courante* (1994), *En Marge* (1994), *Passage d'enfer* (1998). En 1994, il reçoit le prix Paul Féval de Littérature Populaire pour l'ensemble de son œuvre. Il travaille également en tant que journaliste à amnistia.net, quotidien en ligne d'information et d'enquêtes.

Nouvelles sportives

La Soixante-quinzième minute 12
Olympiades 23
La Cavalière 26
Le Tueur 30
Coup de pompe 34
Le Crack 38
Main courante 44
Solitude numérique 50

La Soixante-quinzième minute

Le journal *L'Équipe* a tenté un titre euphonique[1] : « Canter[2] au Prater ». Jeu de mots d'initiés pour sportifs avertis. Parce qu'il faut être turfiste[3] et fou de foot pour comprendre que l'équipe de France, nouvelle championne du monde, va faire un galop d'entraînement, un match amical, contre l'équipe d'Autriche, dans le stade mythique de Vienne.

Ce 19 août 1998, Roger Lemerre étrenne ses galons d'entraîneur national, et quarante-quatre mille Autrichiens veulent admirer en vrai les pas de danse de Zinedine Zidane. Ils sont venus féliciter ces bleus et leur petite étoile jaune cousue sur le maillot juste au-dessus du coq. Non pas celle de la honte comme en portaient dans ce même stade du Prater, dans les années 1940, les juifs que l'on parquait avant un dernier voyage. Une étoile plus discrète, dont on peu s'enorgueillir après une victoire en finale de coupe du monde.

Le score est encore de 1 à 1 quand, à la 75e minute, Lilian Thuram s'apprête à faire une touche. Geste banal, maintes fois répété dans un match, qui consiste à remettre la balle en jeu avec les mains. Il cherche un équipier démarqué, quand les quarante-quatre mille spectateurs se lèvent d'un bloc et applaudissent. Pas un applaudissement désordonné, où chacun y va de son battement en murmurant à l'oreille de son voisin, mais une scansion, rythmée,

1. **Euphonique** : agréable et harmonieux.
2. **Canter** : galop d'essai.
3. **Turfiste** : parieur

puissante, respectueuse. Étonné, Thuram demande à Lizarazu venu vers lui : « Oh, Liza, ils applaudissent les touches ici ? » Pour toute réponse, le Bordelais désigne le panneau lumineux qui clignote : 75e minute. « Ils applaudissent le chronomètre alors ? » Sans réponse satisfaisante, le Français joue la touche et le jeu reprend, comme si de rien n'était. Toujours debout, le public continue de battre des mains en rythme, et se rassied. Pendant une minute, une parenthèse sonore a rendu hommage au passé...

Nous sommes aux premiers jours de juillet 1941 : le 4, plus précisément, un vendredi. Il fait lourd à Berlin. De ces touffeurs inattendues qui dérèglent les habitudes. De celles qui dévêtissent un peu les femmes et les obligent à s'éventer de la main, comme si elles vous invitaient à les rejoindre. Le genre de chaleur qui tourneboule tout le monde, et contraint le soldat en permission qui se balade allée Rosenstrasse à un relatif débraillé, le calot mal vissé sur la tête, la chemise entrouverte, une bouteille de bière à la main. Mais ce 4 juillet 1941, personne ne s'émeut de ce laisser-aller. Il fait très chaud à Berlin... et un orage se prépare.

Devant la synagogue, rue Levetzow, à deux pas du cinéma Jannings, dans l'indifférence des passants, une centaine d'hommes et de femmes apeurés, accrochés à la poignée de leur valise, montent dans des camions, guidés par les matraques des policiers qui leur marquent le dos. Direction la gare de marchandises Grünewald pour le ghetto[1] de Lodz en Pologne.

Au même moment, au Jannings, tous les larges fauteuils rouges sont occupés, les pales des grands ventilateurs créent des courants d'air salutaires et les crèmes glacées font recette. Voilà

1. **Ghetto** : quartier où les juifs étaient tenus de résider.

plus d'un mois qu'on applaudit dans toute l'Allemagne le dernier film de Wolfgang Liebeneiner, *Suis-je un criminel ?*. La superbe actrice, Heidenheim Hatheyer, y fait l'apologie de l'euthanasie des aliénés et des malades incurables. Un formidable succès.

Lorsque les grands lustres s'éteignent, l'écran devient seule source de lumière. Immuable préliminaire, les actualités et les images de cet aigle noir dont les serres s'accrochent à une croix gammée. Fondu enchaîné sur une forêt de jambes bottées qui défilent au pas de l'oie sous le bras tendu d'Hitler. Le commentaire martial annonce la percée des troupes allemandes et la prise prochaine de Moscou. C'est maintenant la politique internationale et le ministre des Affaires étrangères thaïlandais qui signe un accord au sujet de l'Indochine avec Arsène Henry (ça ne s'invente pas), l'ambassadeur de France au Japon. Enfin la page sportive, et l'entraînement des joueurs de Schalke 04, prêts pour la finale du championnat d'Allemagne qui a lieu ce même vendredi 4 juillet à l'autre bout de la ville, au stade olympique.

Quatre-vingt dix mille spectateurs se pressent dans cet écrin pentu qui enserre la pelouse. On vient voir l'équipe de Westphalie remporter pour la troisième fois consécutive le titre de champion d'Allemagne. Comment pourrait-il en être autrement ? Schalke est allemand, balaie tout sur son passage et l'adversaire du jour, c'est le Rapid de Vienne. Un club autrichien. Enfin presque, puisque l'Autriche n'existe plus depuis l'Anschluss[1]. Elle est devenue l'Ostmark, une parcelle de l'Allemagne, une annexe de Berlin.

1. **L'Anschluss** : annexion de l'Autriche à l'Allemagne nazie.

Debout dans sa voiture décapotable, le bras tendu vers la foule, Hitler est en extase, quand il entre dans la capitale autrichienne. Les Viennois l'acclament, l'applaudissent, se donnent à lui.

Mathias Sindelar, n'est pas de ceux-là. Il se dit qu'il vaut mieux mourir que d'envisager la moindre connivence avec ces gens-là. Il est resté chez lui dans son appartement du centre de Vienne, non loin du stade, avec Camilla qui partage sa vie. Ils ont pris soin de bien fermer les fenêtres pour ne pas entendre le tempo guerrier des fanfares militaires, ils ont tiré les rideaux pour atténuer la radio des voisins qui fête bruyamment l'envahisseur.

Mathias Sindelar vient d'avoir trente-cinq ans. C'est le joueur-clef de l'équipe nationale, la Wunderteam, l'équipe merveilleuse. C'est l'homme-orchestre qui fait l'admiration de toute l'Europe. Mathias est d'apparence frêle, son visage d'une pâleur étrange, diaphane, presque transparent, au point qu'on l'appelle « Papier-Calque ». On le dit dépressif. Mais, sur le terrain, c'est la métamorphose, il resplendit, développe un jeu tout en finesse qui permet à l'Autriche d'écraser toutes ses rivales. Ses feintes déstabilisent les défenses, son intelligence compense ses médiocres moyens physiques.

C'est au stade du Prater à Vienne que la Wunderteam a battu l'Italie de Mussolini 2 à 1 ; au Prater que le public s'enthousiasme pour le jeu aérien du « Mozart du football » ; au Prater aussi que des juifs, comme lui, seront parqués, en septembre 1939.

14 mars 1938, les nazis sont entrés en Autriche.

9 novembre 1938, la Nuit de cristal marque le début des pogroms[1] contre ses coreligionnaires.

26 décembre 1938, Mathias Sindelar joue avec son club, l'Austria de Vienne, contre Berlin. Ce sera son dernier match. Les envahisseurs exigent encore une fois qu'il porte la tenue de l'équipe d'Allemagne. Ils ne peuvent se passer d'un tel diamant, fût-il juif. Ils savent composer et utiliser qui peut leur servir jusqu'à la corde. Ensuite, sans hésiter, ils lui trouveront une destination finale.

Mais comment Sindelar pourrait-il jouer la croix gammée cousue sur le maillot ? Inconcevable, inenvisageable. C'est bien plus qu'il ne peut en supporter. La pression est telle qu'il se dit qu'il vaut mieux mourir que d'être obligé de tendre le bras pendant l'hymne nazi avant chaque match international. Il vaut mieux mourir que d'être le représentant, ne serait-ce que quatre-vingt-dix minutes, de cette barbarie déferlante. Une idée le hante. Mourir… Mourir plutôt que d'accepter l'impensable. Mourir pour ne pas dépérir. Mourir pour rester libre.

Le dimanche 23 janvier 1939, on retrouvera Mathias Sindelar et Camilla morts, asphyxiés dans leur appartement du centre de Vienne. Les autorités parleront d'accident, d'une fuite de gaz malencontreuse.

Mais les quinze mille Viennois qui accompagnent son cercueil n'ont aucun doute sur la raison du départ précipité de Mathias Sindelar. Tous savaient la difficulté qu'il avait de vivre heureux hors d'un terrain, tous connaissaient sa judéïté revendiquée, sa haine des nazis.

1. **Pogroms** : actions violentes contre les juifs.

Mathias Sindelar (à droite) durant « le match de la Fraternité » à Vienne le 3 avril 1938.

Y a-t-il un joueur du Rapid de Vienne qui pense à Mathias, ce 4 juillet 1941 en pénétrant dans le stade olympique ?

Peut-être aucun. Ils sont concentrés sur leur match et espèrent faire bonne figure. Les dignitaires nazis, et avec eux une grande partie du public, ont d'autres soucis. Ils se rappellent que, dans cet ovale de béton, ils ont dû subir l'affront. C'était il y a cinq ans pendant les Jeux olympiques à Berlin. Un noir américain nommé Jesse Owens hurlait sa joie à la face du Führer, après avoir gagné quatre médailles d'or en terre nazie. Il courait plus vite, sautait plus loin que les *Übermenschen*● !

Mais ce 4 juillet 1941, la foule du stade olympique est aux anges. Elle n'a rien à craindre, les joueurs parlent la même langue, ils sont cousins germains, membre d'une famille recomposée. On ne s'aime pas forcément, mais on fait avec. Et les fils naturels de la mère patrie ont la certitude qu'il ne peut rien leur arriver de grave face aux pièces rapportées. Dans les travées, les vendeurs de bière et boissons fraîches sont appelés, sifflés, tirés par le tablier pour abreuver la foule assoiffée.

Les « bleu et blanc » de Schalke et ceux en vert et blanc de Vienne s'affrontent depuis plus d'une demi-heure. Deux fois déjà, les casquettes des ouvriers et celles des militaires se sont entrechoquées dans le ciel de Berlin. Les femmes ont ôté leur foulard qu'elles ont fait tournoyer au-dessus de leur tête. Elles ont remonté leurs nattes pour s'aérer la nuque.

Schalke mène 2 à 0.

Dans les tribunes l'ambiance est bon enfant. On ne craint pas l'orage et, du ciel, rien ne viendra perturber la fête. Voilà plusieurs jours que les sirènes n'ont pas meuglé pour avertir d'une attaque aérienne.

● **Ce terme signifie « surhommes ». Les nazis avaient en effet décrété que les Allemands représentaient une race à part, la race aryenne, supérieure aux autres.**

Sur le terrain les ex-Autrichiens résistent comme ils peuvent. Même entre cousins, ça tombe dru. On n'hésite pas à mettre quelques coups durs en douce. Les protège-tibias de l'épaisseur d'une gaufrette ne résistent pas aux croquenots[1] à bouts renforcés. C'est le temps où l'arbitre porte un long short et une veste noire, une chemise blanche et une cravate comme s'il avait ressorti son costume de premier communiant ; c'est le temps où les chaussures de foot tirent sur le marron, couleur cuir. On fait passer les longs lacets blancs, impeccables, sous la semelle, une ou deux fois et ça se termine par un nœud, rosette protubérante sur le haut de la languette. Quelquefois, le ballon ripe sur cet entrelacs au moment du shoot et dévie sa trajectoire. C'est le prétexte tout trouvé pour explique sa bévue.

Mais pour les joueurs de Schalke 04, il n'y a aucun prétexte à trouver. Tout roule. L'évidence déroule.

Schalke : 3 Vienne : 0

On est à la 74ᵉ minute de jeu maintenant, et trois fois déjà le gardien autrichien est allé chercher le ballon dans les filets.

Il ressemble comme un frère à celui d'en face. À cette époque d'ailleurs, tous les goals se ressemblent. Ils portent un chandail à col roulé, tricoté par leur mère ou leur douce. Ils ont des protections aux genoux qui ne servent à rien, ou presque. La casquette collée sur la tête pour parer les rayons du soleil, une casquette de gentleman farmer, de celles que l'on porte en ville. Et puis quelquefois, des gants... Il fait pourtant 30 °C aujourd'hui à Berlin.

Sur le terrain, les gars de Westphalie soufflent, ceux du Rapid s'essoufflent. Il reste un quart d'heure à jouer et, pour le public, le match est plié. Normal, la nature fait bien les choses. Les dix-

1. **Croquenots** : terme familier qui désigne de gros souliers.

huit mètres viennois ont été occupés... facilement, comme l'Autriche trois ans plus tôt. Dans les tribunes, on s'apprête à fêter ce troisième titre d'affilée. À Vienne, l'oreille collée à la radio, on essaie de se faire une raison.

Et puis, allez savoir pourquoi, quand l'ogre est repu, le Petit Poucet s'enhardit. On vient d'entrer dans la 75e minute quand, sur une balle mal dégagée par la défense de Schalke 04, l'attaquant viennois Franz Binder frappe si soudainement le ballon que le gardien allemand, surpris par tant de hardiesse, n'esquisse pas le moindre geste.

Schalke : 3 Vienne : 1

Dans les tribunes, on rit de ce mauvais tour joué au favori. Les femmes venues s'encanailler[1] regardent avec plus d'envie ces jambes musclées en espérant que les chaussettes qui montent jusqu'aux genoux, tombent sur la cheville pour qu'elles en dévoilent un peu plus. Sur le terrain, les joueurs allemands condescendent[2] à ce que le petit s'amuse un peu.

Mais sur la remise en jeu, les Viennois chipent une nouvelle fois la balle à leurs adversaires, remontent le terrain en trois passes et inscrivent un deuxième but.

Schalke : 3 Vienne : 2

On rit toujours dans les tribunes, un peu moins sur la pelouse. Les petits Viennois frisent l'impolitesse, qui mériterait une correction s'il ne restait que ces quelques minutes à jouer. Mais comme l'appétit vient en mangeant même pour le Petit Poucet, le Rapid, plus rapide que jamais, se joue une nouvelle fois des bleu et blanc. Un « une deux » dans la surface de réparation laisse de marbre la lourde défense allemande. Seul, face au but, à six

1. **S'encanailler** : prendre un caractère vulgaire.
2. **Condescendre** : consentir.

mètres de l'objectif, Franz Binder, encore lui, balance avec rage un missile que le plongeon d'aucun gardien n'aurait pu stopper.

Schalke : 3 Vienne : 3

Tout est à refaire pour les locaux. Tout reste à faire pour les visiteurs. Les joueurs ruissellent. Le maillot colle à la peau. La chaleur y est pour beaucoup bien sûr, la peur aussi pour les bleu et blanc, qui ne comprennent pas qu'un nouveau match a débuté à la 75e minute, dont ils ne sont plus maîtres.

Le public gronde, l'entraîneur sur le bord de la touche hurle des ordres que ses protégés ne sont plus en état d'entendre. Les dignitaires nazis en tribune officielle s'inquiètent que l'annexé ne s'imagine devoir pousser son avantage et remporter ce match. Ce serait injuste pensent-ils, affolés. Et il leur vient à l'esprit cette incongruité à laquelle ils n'osaient même pas songer en ce 4 juillet 1941 : un club étranger risque de devenir champion d'Allemagne.

Restés au pays, l'oreille scotchée au poste à galène[1], les Viennois ont déjà ameuté le quartier. Même ceux qui se foutent pas mal du foot s'agglutinent et se mettent à espérer une victoire à haute voix. Les profanes sont toujours naïfs.

Il ne reste plus qu'une minute, une toute petite minute, un quatre-vingt-dixième de match, une éternité. L'œil rivé sur son chronomètre, le sifflet à la bouche, l'arbitre, dans son costume ridicule, suit comme il peut la fougue des joueurs du Rapid qui se ruent vers les dix-huit mètres adverses. Les Viennois devaient se faire croquer, ce sont eux qui maintenant veulent tout bouffer. Ils ont la balle, la font circuler à toute vitesse. Pas un pied, pas

1. **Poste à galène** : poste de radio.

une jambe bleue qui parvienne à faire obstacle à leur jeu alerte. Et puis, est-ce l'effet de la chaleur ou d'une hallucination collective, tout semble d'un coup se dérouler au ralenti.

Franz Binder s'approche de la surface de réparation, qui n'a jamais si bien porté son nom. Il se joue de tous les tacles, dribble sans effort le défenseur pataud[1] qui veut s'opposer à son dessein et décoche un tir que le gardien qui s'envole lentement, majestueusement, effleure du bout des gants. Le temps pour lui de retrouver le sol, la balle est déjà freinée par les filets qui épousent et ralentissent sa course infernale. Franz Binder a réussi le coup du chapeau. Il a marqué trois buts.

Tout revient à vitesse normale. Les vainqueurs se congratulent[2], les vaincus foncent au vestiaire, le public crie, mêlant joie et déception d'avoir assisté à ce spectacle inenvisageable une heure et demie plus tôt.

Champion d'Allemagne !!!

4 à 3, le Rapid a gagné, ou plutôt 3 à 4, ils jouaient à l'extérieur.

La pluie n'est pas tombée, mais l'orage gronde.

À Vienne, fous de joie, certains voient là un renversement de situation prémonitoire et l'assurance qu'on peut déplacer des montagnes.

Aujourd'hui, au Prater de Vienne, quelle que soit l'action qui se déroule au cours d'un match, à la 75e minute, le public se lève et applaudit.

Libre arbitre, Dominique Paganelli, © Actes Sud, 2006.

1. **Pataud** : gauche, maladroit.
2. **Se congratuler** : se féliciter.

Olympiades

Le jour où Alberto Toran quitta subitement ses chaussures à pointes, fit un tour d'honneur *avant* la course et rentra directement au vestiaire pour ne plus jamais poser le pied sur un tartan[1], était un jour comme les autres.

Il avait survolé sa série du 400 m haies, gagné en demi-finale dans un grand sourire, s'accordant une fois de plus le luxe de se retourner pour voir qui serait son second. Il avait ensuite regardé attentivement la deuxième demi-finale et était rentré à l'hôtel pour rejoindre sa fiancée et son homme d'affaires.

Il s'était fait masser, avait signé quelques chèques et quelques lettres, reçu deux fabricants d'articles de sport japonais et était retourné au stade pour une séance de photos et sa traditionnelle heure d'échauffement-concentration. Il avait franchi le tunnel, était entré dans la lumière du stade, avait recueilli son ovation[2], rejoint ses adversaires : le petit jeune qui changeait ses chaussettes à la dernière minute pour en mettre des fluos rayées, et les six autres qu'il connaissait par cœur et qui bâtissaient toute leur carrière sur la seconde place derrière lui. Il en avait désespéré des générations. On s'use vite dans la défaite. Il les avait tous jaugés au premier coup d'œil, il les avait tous cloués d'un regard qui les rangeait définitivement parmi ses seconds et il leur avait fait l'honneur de quelques-unes de ces petites farces gentilles qui entretenaient sa célébrité et remplissaient d'échos les journaux et les infos.

1. **Tartan** : sol d'une piste d'athlétisme.
2. **Ovation** : acclamation chaleureuse d'une foule.

Il avait jeté son survêtement dans la balle de plastique, s'était rendu sous les ordres du starter[1], avait gigoté à trois mètres derrière ses starting-blocks● pour se détendre les muscles.

Et c'est là que, d'un seul coup, on l'avait vu quitter ses chaussures et, dans un interminable sourire, entreprendre un tour d'honneur. Il saluait les spectateurs de la main et riait comme s'il était en train de réussir son ultime grosse farce. Les organisateurs paniquèrent un moment, le starter ne savait plus que faire de son pistolet, puis on le laissa aller. Il quitta la piste quelques minutes plus tard sous une clameur mi-enthousiaste, mi-perplexe.

Ensuite, l'orage éclata et la course eut lieu dans un déluge. Le couloir 2 resta vide et le petit gagna dans un temps catastrophique une épreuve sans entrain que l'on aurait dû courir avec des parapluies. Sa victoire ne constitua pas l'événement de la journée. Partout, il n'était question que d'Alberto. L'argent ? Les femmes ? Un problème de santé ?

Depuis quatorze ans qu'il dominait le 400 m haies, il avait brassé des millions de dollars et fait des milliers de cadeaux à des centaines de fiancées. Il n'avait jamais eu le moindre besoin ni le moindre problème. À trente-quatre ans, il était en pleine forme et il mettait un terme définitif à sa carrière, quatre mois seulement avant les Jeux olympiques. Pas un journaleux● au monde, pas un entraîneur, pas un supporter n'aurait mis un centime sur ses risques de défaite. Il allait remporter son quatrième titre olympique consécutif. Et il s'arrêtait là.

1. **Starter** : juge qui donne le départ avec un pistolet.

● **Les starting-blocks désignent un engin réglable fixé à la piste et constitué de deux cales pour les pieds. Il permet d'augmenter la puissance d'un athlète lors du départ.**

● **Ce terme est péjoratif, comme l'indique le suffixe « -eux » et désigne un journaliste de peu de talent, qui s'intéresse davantage à la rumeur qu'à l'information.**

Symboliquement, il vint à la conférence de presse d'après meeting[1] en costume-cravate. Il fit le facétieux[2], annonça officiellement qu'il mettait fin à sa carrière, que cette décision était en béton et que rien ni personne au monde ne lui referait sauter une haie. À toutes les questions concernant la raison de ce renoncement, il répondit en plaisantant qu'il avait trop envie de jouer au golf et il remonta les jambes de son pantalon pour prouver que ses mollets étaient toujours en état de marche et que sa décision n'avait pas de motif médical. Au journaliste qui lui demandait si cela ne lui coûtait pas trop de renoncer si près des Jeux, il répondit tranquillement que cela lui coûtait environ deux millions de dollars. On ne put rien tirer de plus. Il alla embrasser une jeune reporter stagiaire sur la bouche, il tapa sur le ventre du plus gras des chroniqueurs, exécuta un pied de nez dans le museau de la caméra et disparut.

Il fit la Une de tous les journaux sportifs du monde, on lui inventa des cancers, des blondes tapageuses[3]. Il ne démentit rien, ne donna aucune révélation et aucun de ses familiers ne put jamais percer le mystère. Comment aurait-il pu expliquer que, simplement à lui voir enfiler ses chaussettes fluos, il avait compris que ce jeunot le battrait un jour ? Certainement pas ce jour-là, sans doute pas aux Jeux, peut-être même pas dans l'année, mais un jour serait venu où il l'aurait battu. Alberto n'était pas né pour être battu. Il n'était pas un coureur de 400 m haies, il était un vainqueur de 400 m haies et il ne tolérait pas l'idée d'avoir une seule minute dans sa vie de champion une angoisse de second.

Le petit jeune fut champion olympique, il gagna tout pendant cinq ans mais ne put jamais égaler le record des trois médailles d'or.

« Olympiades », in *Les Athlètes dans leurs têtes*, Paul Fournel,

1. **Meeting** : compétition d'athlétisme.
2. **Facétieux** : personne qui aime plaisanter.
3. **Tapageuse** : qui aime provoquer du scandale.

La Cavalière

La première fois qu'il l'avait vue, c'était une fillette pâlotte qui donnait la main à son instituteur. Elle avait des jambes grêles qui semblaient commencer au-dessous de ses épaules et un visage long avec deux yeux noirs arrondis par une fatigue qu'on aurait dit perpétuelle.

Le maître l'avait conduite au gymnase car il lui était apparu qu'elle sautait sans effort beaucoup plus haut que toutes ses camarades et qu'avec un peu de travail on pourrait peut-être en tirer quelque chose…

L'entraîneur s'était penché vers la gamine.

– Et toi, qu'est-ce que tu veux faire ?

Elle avait roulé des yeux inquiets, jeté un regard vers son instituteur et s'était risquée à dire :

– Du cheval.

Ils avaient tous éclaté de rire, Pierrot l'avait aussitôt baptisée « la cavalière », et c'est ainsi qu'elle avait débuté sa carrière de sauteuse en hauteur.

À huit ans, elle passait 1,05 m sans le faire exprès et Pierrot, qui avait dix ans de plus qu'elle et sautait le double, la prit sous son aile dans le groupe des petits. Junior deuxième année, il venait de faire son entrée dans le cercle très fermé des espoirs et tentait de concilier le lycée et ses six entraînements hebdomadaires. Par-dessus le marché, il s'arrangeait toujours pour trouver une heure ou deux « pour les mômes ».

La cavalière travaillait sans enthousiasme avec une régularité insolente et une facilité naturelle qui ne s'émoussait pas.

À dix ans, benjamine, elle passait 1,15 m, à douze ans, minime, 1,35 m, à quatorze ans, cadette, 1,70 m. La puberté n'avait rien altéré dans sa morphologie : elle était restée immense. Ses muscles s'étaient à peine remplis, toujours aussi longs et puissants et il lui avait poussé deux nichons si minuscules qu'ils ne constitueraient jamais un handicap. C'était une sauteuse parfaite qui voltigeait de titres en records.

Pierrot plafonnait. Les centimètres supplémentaires étaient soudain devenus trop chers pour lui. Trop petit, le genou gauche trop fragile, pas tout à fait assez puissant pour un sauteur en amplitude, psychiquement un peu démobilisé, il était devenu prof de gym puis entraîneur premier degré, deuxième degré et troisième degré. Il avait abandonné les petits pour s'occuper des grands et finissait par ne plus travailler qu'avec les meilleurs.

Il protégeait sa cavalière. Jamais il n'avait vu autant de dons rassemblés dans une seule athlète. C'était la sauteuse-vitesse parfaite, elle planait au-dessus de la barre, engageait le bras sans raideur, tournait spontanément la tête dans la direction de son saut. Un régal. Son Stradivarius•, comme il aimait à dire.

Il se régalait à lui faire effectuer des réglages minuscules : ouvrir un peu l'angle de la course d'élan, bien bloquer le bassin, expérimenter plusieurs positions du pied au moment de l'appui, retarder au maximum le fouetté des mollets... Tous les petits trucs qui allaient la mener à 1,90 m en junior et très au-dessus de 2 m plus tard. Elle était de la rare graine de recordwoman du monde. Il la couvait, lui apprenait à se concentrer en écoutant de

• **Il s'agit d'un violon très rare qui porte le nom de son inventeur. Ici, la référence au Stradivarius signifie que « la cavalière » est quelqu'un de rare et de précieux aux yeux de Pierre.**

la musique, lui faisait travailler ses muscles un par un, ses quadriceps et ses extenseurs du mollet.

Il allait la chercher à l'aube, la conduisait au lycée, la reconduisait le soir, savait la date de ses règles, lui choisissait ses survêtements, traitait ses contrats avec les organisateurs et les sponsors : un peu grand frère, un peu papa, entraîneur.

Lorsqu'ils partirent ensemble au championnat de France, il était sûr d'elle.

Elle avait passé 1,80 m au premier essai comme à l'entraînement et, Pierrot, au premier rang des gradins, lui avait adressé un signe furtif de confiance.

La demi-finale du cent mètres hommes se courait au même moment. Sortie du sautoir, elle regarda les coureurs franchir la ligne. Le grand Martiniquais qui avait gagné en roue libre fit un crochet après la ligne d'arrivée et vint lui donner une petite tape amicale sur la joue. Surprise une seconde, elle s'ouvrit bientôt en un large sourire qui fit remonter ses yeux d'une façon irrésistible.

Pierrot, sur son gradin, fut instantanément foudroyé d'amour. Il l'aima de toutes les façons du monde à la fois : son sourire, ses yeux, sa course d'élan, ses vastes internes, des deltoïdes, ses records, sa marge de progression, les années de travail en commun – qui pouvaient, il venait soudain de s'en rendre compte, être réduits à néant d'une tape charmeuse sur la joue. Il l'aima d'autant plus qu'il n'avait jamais songé à le faire, qu'il avait toujours été comblé de ce qu'elle lui donnait et que l'image de la gamine maigriotte rêvant de cheval ne l'avait jamais vraiment quitté.

Le soir même, il dit son amour à la nouvelle championne de France. Elle accepta l'hommage comme une beauté supplémentaire du jour, elle accepta la bague, elle accepta l'alliance, elle accepta le trois-pièces municipal, elle accepta de veiller à ne pas faire de bébé.

Il découvrit le bonheur de caresser ses muscles, de masser ses épaules, de toucher du doigt chaque soir son mystère. Il cherchait dans les baisers le secret qui la faisait sauter plus haut qu'il ne sauterait jamais.

Elle avait retrouvé son air grave et ses yeux de fatigue. Elle avait repris le chemin de ses entraînements et de ses compétitions. Rien n'était vraiment changé entre eux.

Éternellement assis au premier rang des gradins, il la regardait sautiller sur place avant sa course d'élan, hypnotisé par le petit geste réflexe qu'elle dessinait dans le vide avec le bout de ses doigts, fasciné par ce sursaut décisoire qui précédait sa première foulée.

Il la dévorait de ses yeux neufs dans ces moments d'effroyable solitude qu'il prenait pour de la liberté.

« La Cavalière », in *Les Athlètes dans leurs têtes*, Paul Fournel,

Le Tueur

Après la pesée, il lui restait exactement vingt-sept heures pour devenir un tueur. Il était un athlète permanent, un de ceux qui sont à la salle chaque jour, qui savent se mettre en sueur et qui ne reculent jamais devant une corde à sauter ou un sac de sable.

En trois semaines, monsieur Jean avait fait de lui une lame. Un poids moyen puissant, longiligne, belle allonge, jeu de jambes vif ; la grâce, l'élégance, le punch et ce foutu crochet du gauche meurtrier qui avait couché un à un les voyous de Chevilly, les boxeurs amateurs du département, puis de l'Ile-de-France et qui l'avait sans accroc conduit au professionnalisme. Un pro qui allait mener son treizième combat et à qui il restait vingt-sept heures pour devenir un tueur.

Sa nuit fut brève, toute traversée de cauchemars, de directs du droit qui finissaient leur trajectoire dans le traversin, d'uppercuts sanglants qu'il ne parvenait à esquiver qu'en butant la tête contre le bois du lit.

Il se leva avec un terrible mal aux cervicales et dut avaler deux comprimés d'aspirine. Son entraîneur lui expliqua qu'il n'était jamais meilleur qu'après une bonne nuit de pression.

Il partit se décrasser au bois, le cou serré dans une serviette éponge ; petit trot ; montée en température ; shadow-boxing● entre les arbres. Il commença à penser à son adversaire : vingt combats, douze victoires avant la limite, un frappeur. Il l'avait vu tirer en vidéo. Il faudrait passer par-dessous sa garde et lui faire éclater

● **Littéralement « boxe de l'ombre ». Expression d'entraînement qui signifie « boxer dans le vide » en imaginant un adversaire.**

dare-dare cette arcade droite qu'il avait fragile. Il esquissa un direct à la poitrine, suivi en rafale d'un crochet du gauche à la tempe.

Il lui avait serré la main la veille, à la pesée et au petit jeu de écrase-moi-les-phalanges-pour-me-faire-peur, il avait la nette impression d'avoir marqué un point psychologique.

Il voulait faire un très beau match et le gagner.

Après la douche, le sophrologue[1] du club le prit en main. Il le décontracta et le plongea dans un état d'hébétude contre lequel le boxeur avait appris à ne pas se rebeller. Là, il le persuada doucement qu'il était le plus fort, que ce match était capital, qu'il fallait donc l'aborder calmement, que son adversaire était une machine froide qui méritait d'être corrigée, que son gauche était la foudre et l'enclume réunies, que sa droite était sans pitié, qu'il était de son devoir de gagner, gagner, gagner, toujours gagner, gagner.

Il sortit de cet assommoir pour faire un repas digeste et mesuré et put juger, tout à sa mastication, du chemin intérieur parcouru. Il était déjà profondément installé dans son combat. Il ne répondait plus aux questions, ne voyait plus rien du monde extérieur. Solitaire, il glissa dans une courte et intense sieste, puis retourna à la salle pour faire les ultimes réglages.

Monsieur Jean monta avec lui sur le ring et ils décomposèrent ensemble les gestes de la victoire. Il boxait dans les gants de monsieur Jean, avançant toujours, avançant, avançant.

Dans le tempo saccadé de son souffle, monsieur Jean glissait quelques conseils – Montez votre garde[2], rentrez le menton, plus vite la reprise – et commença à lui parler de son adversaire : un drôle de coco qui avait fait de la prison pour avoir tabassé des grand-mères, chassé de chez lui pour une louche histoire d'amour

1. **Sophrologue** : praticien de la sophrologie, partie de la médecine qui étudie la conscience humaine et vise à relaxer, détendre.
2. **Monter sa garde** : se protéger, manière de tenir ses bras pour bloquer les coups de l'adversaire.

avec sa sœur, tombé deux fois pour des affaires de drogue, déserteur, ayant abandonné femme et enfants, prêt à tout pour réussir, drôles de fréquentations, cœur dur, âme noire. Quelqu'un, en somme, de parfaitement digne de se faire salement casser la figure. Quelqu'un à qui il serait justice de donner une correction. Un voyou qui méritait de planter là sa carrière. Une ordure que personne ne serait vraiment choqué de voir à l'hôpital. Et puis ses trois mômes, tout de même, dans la banlieue de Bruxelles, qu'il laissait crever sans un rond...

Monsieur Jean expliquait tout cela d'une voix calme, en confidence, dans l'effort. Il en avait motivé des champions et il savait les mots avec quoi l'on fabrique les tueurs.

Le poids moyen encaissait tout cela sans rien dire, l'engrangeait, le stockait dans ses épaules et dans ses poings pour le transformer en coups méchants, de ceux qui font mal et couchent l'adversaire.

Ce fut le masseur ensuite, dans le sous-sol du palais des sports, qui le décontracta, le réchauffa et lui banda les mains. Il lui expliqua qu'il en avait massé des boxeurs mais que, sans mentir, il n'avait jamais vu des biceps pareils, des pecs[1] aussi solides, des dorsaux aussi nets ; de quoi faire éclater des crânes, gicler des mâchoires, épater des nez, exploser des foies, traverser des abdos. Une musculature de K.-O. De quoi débarrasser la terre de toutes les salopes, de tous les vérolés. Une musculature de justicier.

En lui nouant les gants, monsieur Jean en arriva à la conclusion logique et très calmement exprimée que ce Belge méritait d'être rayé du monde des vivants.

1. **Pecs** : abréviation pour pectoraux.

Lorsqu'il le poussa, fin prêt, dans le tunnel qui devait le conduire à la lumière blanche, aux hurlements, au ring éclatant, il lui dit simplement : « Démolissez-le. » Il souriait confiant.

Le poids moyen tint huit rounds avant de tomber pour le compte, le visage couvert de sang. Le salaud de Belge avait fait éclater sa putain d'arcade gauche et le monde entier avait disparu dans un brouillard rouge. C'était un progrès. Le match précédent, il n'avait tenu que trois reprises.

Pour le prochain, monsieur Jean en était sûr, avec beaucoup de travail physique et une bonne préparation psychologique, il pourrait faire un honnête tueur à la limite.

« Le Tueur », in *Les Athlètes dans leurs têtes,* Paul Fournel,

Coup de pompe

Il faisait un froid de fin novembre. Encapuchonné, ganté, le coureur poussait devant lui des petits nuages de buée glacée. Sa foulée était longue, régulière, à peine raidie par la dureté du sol. Ses joues tremblaient sous le souffle. Son regard se perdait dans le sous-bois, un peu inquiet, un peu inquiétant. Il entamait son vingt-troisième kilomètre de cross dans le petit matin.

Pendant longtemps, il avait couru tous les jours pour respecter son programme d'entraînement, pour se construire dans l'effort, pour apprendre à se connaître et préparer les grands rendez-vous ; il n'avait pas de but immédiat sinon le bon fonctionnement de ses muscles et la régularité de son rythme cardiaque. Maintenant, il savait que tout était changé et qu'il cherchait quelque chose de précis et que ce quelque chose était sa fatigue, sa vieille fatigue. Il avait acquis la certitude qu'on la lui avait volée et il commençait à murmurer pour lui-même le nom des voleurs, au rythme de ses foulées. Un jour, il le crierait.

Trois hivers plus tôt, un homme était venu le voir un matin, à l'entraînement. C'était un homme gros, avec un gros pardessus. Il lui avait expliqué qu'il suivait ses performances depuis longtemps et que, s'il le voulait bien, il ferait de lui un champion. Cet homme était un entrepreneur, adjoint aux sports dans sa ville et président du club athlétique, un homme puissant à qui l'on pouvait difficilement dire non. C'est du moins ce que le coureur avait ressenti.

Il avait signé son contrat et d'autres hommes étaient venus le voir courir, sur le stade, cette fois, vêtus d'autres gros pardessus. Ils étaient restés longtemps à le regarder, immobiles derrière la barrière de ciment. Il y avait l'entraîneur, le docteur, le masseur et un autre qu'on appelait « toubib » et qui était mieux qu'un docteur.

Ils lui avaient préparé un programme : deux fois plus de kilomètres, du fractionné[1] tous les jours, des vitamines, des piqûres d'hiver à bien arrêter six semaine avant les compétitions, des piqûres d'été, des cachets pour avant, des cachets pour après, beaucoup boire, bien manger et un travail à la mairie comme jardinier. Son seul vrai boulot de jardinier consistait à creuser des petits trous avec ses chaussures à pointes dans les sous-bois.

En une saison, il avait pris quatre kilos de muscles et encaissé sans broncher ses surdoses d'entraînement. Il commença à tout gagner. Il suivait son programme à la lettre et tout lui devenait facile. Il gagnait.

De ce temps, il lui restait beaucoup de photos où on le voyait près du Président, sur la ligne d'arrivée. Ils étaient même passés tous les deux en direct à Tévésports, et il avait conservé une cassette. Dans la revue *Diététique-Effort*, le toubib avait donné ses secrets alimentaires. Il avait appris à décrisper son sourire devant les photographes et à ne plus bégayer pour dire au micro qu'il était heureux d'avoir gagné. Il avait même eu l'occasion de remercier publiquement ses parents, son Président et ses entraîneurs. Il était même question que le Président devienne maire, et qu'il le prenne comme conseiller.

C'est alors qu'avait eu lieu ce stupide meeting[2] de Nice, un des derniers de la saison. Contrairement aux autres années, il arrivait

1. **Fractionné** : course par intermittence.

2. **Meeting** : rencontre d'athlétisme.

intact fin août : pas de douleurs, pas de crampes. Pas même de lassitude. À deux tours de l'arrivée, il avait placé un démarrage en force, et il s'était écroulé. Pendant un moment, il avait regardé son pied qui pendouillait au bout de sa jambe, puis il avait hurlé.

On peut rendre les muscles plus puissants, pas les tendons. Les tendons, ça se brise, ça s'arrache. On avait mis de longues heures pour le calmer à l'hôpital puis on l'avait opéré, rééduqué, remis sur pied et il avait repris sa course, un peu hébété[1].

Il était seul.

Il avait recommencé l'entraînement, les piqûres, les courses et il se traînait sans comprendre. Il perdait. L'entraîneur lui modifiait sans cesse son programme, le toubib augmentait ses doses et il restait bloqué à plusieurs secondes de ses temps habituels. Le Président avait repéré un petit jeune qui marchait très fort.

Il se mit à tricher en entraînement. Il se levait plus tôt chaque matin et courait dès l'aube.

De plus en plus souvent, il courait jusqu'au soir, sans voir passer les heures, croquant quelques barres de Muesli et de Vitagermine.

Il se souvenait que courir fatigue.

Il savait que la fatigue était le seul moyen que l'homme avait inventé pour bavarder avec son corps et pour épargner ses tendons. Et il n'était plus jamais fatigué.

Il savait aussi que lorsque la fatigue ne sort pas en crampes et en courbatures, elle sort dans la tête. Des coureurs cyclistes étaient devenus fous. Un lanceur de poids s'était mis en ménage avec un mage. Un nageur de fond ne cessait plus de nager en

1. **Hébété** : rendu stupide.

attendant que lui poussent des écailles. Un sprinter majestueux buvait comme un trou. Un lanceur trafiquait des hormones. Il était donc de première urgence qu'il coure comme un forcené derrière sa fatigue. Celle que lui avaient volée les gros pardessus.

« Coup de pompe », in *Les Athlètes dans leurs têtes*, Paul Fournel,

Le Crack

Pour André Le Dissez●

Je l'avais souvent vu fatigué, hâve[1], les lendemains de grosse castagne[2] par exemple, après les longs contre la montre où il creusait profond, mais je ne l'avais jamais vu dans cet état-là. Il était livide, les yeux bordés de noir, les lèvres blanches. On avait l'impression, aussi, qu'il avait perdu dix centimètres de tour de jambe. Il n'avait pas eu le courage de se raser non plus et le voyage en voiture sur les routes du coin avait été un calvaire. Les organisateurs du critérium[3] étaient catastrophés pour leur recette de le savoir malade. Il n'avait pas eu le cœur de leur dire formellement non.

C'était l'époque des tournées d'après Tour, ces épuisantes et lucratives[4] balades et il n'était pas imaginable que le maillot jaune déclare forfait. La veille, nous avions couru à Clermont-Ferrand et toute l'équipe était partie aussitôt après la course pour rejoindre Yssingeaux où avait lieu le critérium du lendemain. Seul le grand Jacques, le patron du peloton, était resté pour passer la soirée chez son ami Geminiani, qui venait d'ouvrir un bistro. Il ne devait nous rejoindre que le lendemain matin.

Estomac vide, jambes en coton, vertiges. Il se tenait appuyé sur le capot de la voiture pendant que Charles lui laçait ses chaussures, parce qu'il était incapable de baisser les yeux sans s'écrouler aussitôt.

1. **Hâve** : amaigri et pâle à cause des épreuves.
2. **Castagne** : terme familier pour désigner une bagarre.
3. **Critérium** : course de cyclisme.
4. **Lucratif** : qui procure un gain, des bénéfices.

● **André Le Dissez est un ancien coureur cycliste professionnel français.**

Bien entendu, les organisateurs nous avaient concocté le pire parcours possible. Trois tours de 50 km truffés de bosses de huit-dix bornes à 7 % comme il y en a partout en Haute-Loire. Pas un mètre de plat (même l'esplanade d'arrivée montait). En supplément au programme, une grosse équipe de régionaux qui connaissaient tous les virages par leur prénom, qui roulaient en mafia toute l'année et qui rêvaient d'en découdre avec les pros. Le jour de l'an pour eux et pour leurs supporters.

Avant le départ, on s'était mis d'accord avec les organisateurs et les gros bras. Jacques avait une tête à rester au lit, tout le monde en convenait, mais les spectateurs étaient venus pour le voir et pour voir son maillot. Il allait donc faire le premier tour dans le paquet, il passerait en tête dans la première traversée de la ville et disparaîtrait discrètement par la prochaine ruelle pour regagner son hôtel. Le médecin l'y rejoindrait. On lui enfila un maillot jaune et il partit les poches vides, course finie avant de l'avoir commencée.

Ces cinquante bornes-là, je m'en souviens. Jacques m'avait demandé de rester près de lui et nous avons passé une heure vingt épaule contre épaule. Ce type qui me prenait un quart d'heure dans l'Izoard●, qui me mettait cinq minutes sur 10 km contre la montre, qui venait de survoler le Tour de France comme personne, qui savait gagner comme il voulait quand il voulait, que ses adversaires vouvoyaient, qui était en machine l'homme le plus beau, le plus élégant qu'ait jamais compté un peloton, roulait comme une épave. Il fermait les yeux dans les lignes droites pour ne pas dégueuler. Qu'aurait-il bien pu lui dire de changer de braquet. Il était incapable de sentir quoi que ce soit, incapable de

● **Le col d'Izoard est un col par lequel passent les cyclistes du Tour de France.**

la moindre décision, incapable d'avoir le moindre sursaut d'indignation contre les organisateurs. Il faut dire que de ce point de vue-là, c'était un crack et que les cracks honorent leurs contrats. En dix minutes, son maillot était collé de sueur et son menton gouttait sur la potence[1].

Il s'était creusé autour de nous, dans le paquet, une sorte de vide respectueux et les coursiers se relayaient pour venir voir le spectacle du zombie. Les jeunes du coin étaient déçus, eux qui rêvaient tant de pédaler pour de bon à ses côtés.

Nous roulions groupés, assez vite. Ceux qui tiraient devant, et, parmi eux, quelques-uns de nos équipiers, tiraient régulier mais sans faire de cadeau sur le train. Dans ces situations, il n'est jamais bon de traîner trop et de laisser la porte ouverte. Il faut choisir la juste cadence qui fait réfléchir à deux fois les francs-tireurs. Nous tournions à 35-37 de moyenne ce qui, dans la région, est tout à fait vif.

Jacques semblait s'en foutre. Il était parfaitement hors d'état de rentrer dans ce genre de considération. Il n'aurait certainement pas pu battre le record de l'heure qui lui appartenait à l'époque, mais entre 25 et 35 km il ne faisait pas la différence.

J'ai toujours adoré le spectacle des champions. Et j'ai eu la chance, pendant douze ans de carrière professionnelle, d'être aux premières loges. J'ai roulé pour deux, j'ai même été leur capitaine de route, et j'en ai compté trois pour adversaires. Avec le recul, je sais que j'ai eu de la chance d'en rencontrer cinq, des vrais.

Il n'y a rien de plus beau qu'un crack, un qui donne des rendez-vous, qui se prépare, qui met tout le monde en confiance ; celui

1. **Potence** : pièce d'appui.

qui dicte la loi et l'ordre et qui, grippe, foulure, angine ou fatigue, voltige quand il faut voltiger, appuie ses relais comme personne, grimpe devant les grimpeurs, sprinte devant les sprinters, mène les bordures, tire deux dents de moins que tout le monde dans les contre la montre, fixe les tarifs et sait se relever pour offrir une victoire. J'aime d'autant plus les cracks que, vu du dehors, je suis tout près d'en être un – j'ai gagné des étapes, j'ai gagné des courses, on cite mon nom souvent, j'ai eu ma photo dans *L'Équipe*[1], on me voit à la télé, on m'interroge sur la marche des courses : mais moi, je sais que je n'en suis pas un de crack, et qu'il y a entre eux et moi un gouffre d'une largeur insoupçonnable.

Celui qui était à côté de moi ce jour-là, avec sa tête de mort et qui me demandait d'un mouvement des yeux s'il fallait aller à gauche ou à droite, c'était d'abord et avant tout 80 de VO_2 max●, 36 pulsations cardiaques au repos, des leviers à faire tourner comme de rien, des manivelles de 177.5 et des quadriceps à pousser et tirer 500 watts[2] relax sans arracher tous les tendons. L'ensemble surmonté d'une tête de chef d'entreprise masochiste, sadique, rusé, gentil ; avec le pouvoir d'aller chercher si profond au bout de soi et de ses forces, avec, enfin, un trait de caractère que je n'ai jamais eu et n'aurai jamais : un certain dégoût pour la bicyclette et une tendance très accusée à la laisser au garage plutôt que de s'entraîner. Tout cela fait un champion comme il y en a peu et, de surcroît, parfaitement capable de craquer, de s'effondrer et de se retrouver minable avec une tête d'endive et un somptueux maillot jaune dans un critérium à Yssingeaux, Haute-Loire.

1. ***L'Équipe*** : journal sportif quotidien.
2. **500 watts** : puissance d'un système énergétique.

● **La formule 80 de VO^2 max correspond à la consommation maximale d'oxygène. V désigne le volume, o2 désigne l'oxygène, et max signifie maximal.**

Il manqua trois fois de tomber et, par mesure de sécurité, nous nous retrouvâmes au fin fond du peloton. Je me demande encore aujourd'hui comment il a pu passer la bosse de Rosières. Je n'ai jamais vu un homme transpirer autant. Je lui ai proposé mon bidon qu'il a refusé avec un hoquet de dégoût.

On ne peut pas dire qu'il souffrait ; il semblait plutôt être dans cet état tragique pour un sportif où il ne peut plus se faire mal, où il ne peut ni se mesurer avec soi-même, ni se mesurer avec les autres.

Le peloton nous décrocha deux fois, et deux fois je parvins à le ramener sans à-coups. Les spectateurs, le long de la route, étaient si stupéfaits de le voir dans cette posture qu'ils oubliaient aussi bien de l'encourager que de le huer. C'était comme une rumeur de silence. À deux kilomètres du sommet de la bosse, il commença à pousser des sortes de petits gémissements à chaque tour de pédale.

Il me fallut ensuite passer à la seconde phase de mon plan qui n'était pas la moins délicate. Parvenu au faux plat qui mène à la ville, je passai le 52×17[1] et accélérai doucement pour me placer devant lui, l'abriter et entreprendre de remplir l'ultime partie du contrat. Remonter un peloton qui s'agace à quelques kilomètres des primes de passage est une entreprise difficile, même si la complicité des gros bras est acquise. Il ne s'agit pas de donner le spectacle d'une ridicule connivence et les pactes passés avec les cracks s'exécutent avec un panache de crack. Je planifiai donc notre retour sur six kilomètres. Au début, je dus faire l'accordéon● puis très vite, je trouvai le juste rythme et il resta sagement calé dans ma roue. Je me déportai sur la gauche, près du fossé et

1. 52×17 : expression désignant un développement, un passage de vitesses (52 dents pour le plateau ; 17 dents pour les pignons au niveau de la roue arrière).

● : **Cette expression signifie être lâché, puis recoller au peloton, être à nouveau relâché...**

nous commençâmes à remonter. 52×16, 52×15, 52×14[1]. Mon intention était de le tirer jusqu'à la pancarte d'entrée dans le pays puis de le laisser filer, comme si j'étais cuit, avec les cinq ou six galopins qui allaient immanquablement lui sauter dans la roue et jouer leur course.

À un kilomètre de mon but, j'étais en tête et j'avais dû batailler ferme pour rendre à la raison les régionaux qui allumaient des pétards pour faire plaisir à leur famille. À chaque accélération, je frémissais à l'idée de l'état dans lequel il devait être.

À cinq cents mètres, je sentis son souffle et il vint se placer à ma hauteur. Je n'oublierai jamais le regard qu'il me lança : un regard glacé, tranchant, plein. Et il me posa cette question ahurissante :

– T'as pas deux sucres ?

Je les lui donnai. Il les engloutit et, comme il tendait la main à nouveau, je lui abandonnai une part de gâteau de riz et un fruit qu'il glissa dans la poche arrière de son maillot.

Bien entendu, je ne le revis qu'après l'arrivée. Il gagna le critérium après avoir offert un festival au peloton médusé. Il volait. Et dans la troisième ascension de la côte de Rosières, il mit trois minutes sans forcer au second.

Tout le monde apprit ce jour-là que le vrai crack, c'est aussi celui qui est capable de cuver en pédalant une cuite à coucher un bataillon[2]. Je m'en doutais déjà.

« Le Crack », in *Les Athlètes dans leurs têtes*, Paul Fournel,

1. **52×16, 52×15, 52×14** : il s'agit, là encore, de désigner des changements de vitesse. Plus le pignon est petit, plus le coup de pédale est difficile, et plus la vitesse du cycliste est élevée.
2. **Bataillon** : unité militaire comprenant plusieurs compagnies.

Main courante

Il pleuvait, comme de juste.

Je n'avais jamais vu le soleil avant la mi-mars dans cette fichue ville, ou alors des tentatives ; un rayon-suicide qui parvenait à se glisser entre deux nuages acides avant de s'écraser lamentablement sur les murs noircis des faubourgs.

Les jours s'enfilaient, les uns derrière les autres, pour former un long collier gris.

Inutile de vous dire que le moral allait de pair avec la météo. Au cours des dix dernières années, Courvilliers[1] était passée de trente à cinquante-six mille habitants, après l'installation des usines Hotch, un groupe international spécialisé dans l'assemblage des moteurs de voitures. On n'y mettait jamais les pieds et c'était mieux comme ça : la boîte avait son propre service d'ordre qui s'occupait du ménage interne...

Les locaux du commissariat n'avaient pas suivi la courbe démographique contrairement à la délinquance. Peu à peu j'en étais venu à partager mon bureau avec un, puis deux stagiaires. Jusqu'au transfert, la veille, du service de la « main courante[2] », personnel et matériel. Ça n'allait pas chercher loin, deux couples de vieux flics amorphes[3] et non-fumeurs, autant de sièges, de bureaux, d'armoires. Quand même, cinq personnes, des adultes, dans moins de vingt mètres carrés, on frisait la surpopulation !

1. **Courvilliers** : ville imaginaire.
2. **« Main courante »** : livre de commerce où sont inscrites au fur et à mesure les opérations de compte.
3. **Amorphe** : doté d'un caractère peu énergique.

D'autres inspecteurs auraient rechigné à la perspective de bosser sous le regard de leurs subordonnés, mais ce qui me restait de religiosité hiérarchique m'avait définitivement abandonné à la vue de ma première fiche de paie, vingt ans plus tôt.

De ma place, près de la fenêtre (il faut être tout à fait franc, j'avais conservé ce privilège), je surplombais les registres grands ouverts sur lesquels s'inscrivaient, heure par heure, les épisodes de la grande histoire des gens de Courvilliers : plaintes, accidents, vols, agressions...

Dix lignes maximum pour traiter chaque sujet, séparé par un double trait de stylo du sujet suivant dont le numéro était écrit en rouge dans la marge. La main habituelle, crispée sur le bâtonnet de plastique orange, alignait les signes avec soin.

....

1er mars 1984, 11 h 49.

Carrefour formé par les rues Charles-de-Gaulle et Général-Leclerc. Un camion de marque Citroën immatriculé 2827 HY 93, appartenant à la société Goix, 84 rue Villebois à Aulnay, est entré en collision avec un véhicule particulier Simca 1100 immatriculé 286 TA 75, conduit par son propriétaire, M. André Lemesle, domicilié à Paris. Dans le choc, M. Lesmesle a été blessé au visage. Intervention de la PS. Le blessé a été dirigé sur l'hôpital de Villepinte.

....

Le téléphone se mit à sonner alors que la bille attaquait la seconde moitié du dernier trait.

Une voix de femme, suraiguë, m'agressa le tympan.

Les phrases s'entrechoquaient dans le combiné à une vitesse incroyable. Je réussis à isoler deux ou trois éléments qui, à la réflexion, justifiaient qu'on se mette dans un tel état avec un flic à l'autre bout du fil. Elle tentait de m'expliquer que son mari venait de mourir dans leur chambre. Ce qui ne collait pas c'est quand elle précisait : sur son vélo...

Je notai l'adresse, Mme Ribot, 12, rue de Paris, avant de passer le papier à un stagiaire.

– Allez, on prend l'air !

Je n'aimais pas conduire et les deux jeunes sautaient sur la moindre occasion pour sortir du bocal. Donnant, donnant. La rue de Paris faisait partie d'une cité pavillonnaire construite en périphérie, sur d'anciens terrains marécageux qu'aucun agriculteur n'avait réussi à cultiver. Le boom industriel leur avait permis de les refourguer[1] au prix de la végétale. Les transplantés commençaient à faire la différence : un garage ce n'est pas obligatoirement l'endroit idéal pour la culture du cresson !

Les cris de la toute jeune veuve nous évitèrent de chercher le 12. Elle avait ameuté le quartier et les curieux nous firent une haie d'honneur jusqu'à la porte du pavillon. Dans ces cas-là, pas besoin de présentations, on sait immédiatement qui est qui. J'entrai dans la salle de séjour avec le jeune flic sur les talons.

– Venez vite ... C'est affreux... Il est mort...

Elle nous guida vers la chambre, une pièce étroite meublée d'un lit et d'une armoire en acajou. Le sol, du parquet vitrifié, était recouvert d'une série de petits tapis indiens très colorés.

1. **Refourguer** : terme familier qui signifie, ici, revendre.

Mon regard se posa sur le vélo d'appartement placé au pied du lit devant un écran de télévision relié à un magnétoscope. Je m'attardai sur l'homme mort en pyjama rayé dans la position du coureur baissé. J'évitai de fixer trop longtemps ses yeux immobiles révulsés par la souffrance. Je crus y lire comme de l'incrédulité... Je me tournai vers la femme.

– Votre mari était cardiaque ? Ce n'est pas toujours recommandé les exercices sur vélo... Surtout quand on prend de l'âge...

Elle éclata en sanglots.

– Non, ce n'est pas ça. C'est affreux...

Je m'étais approché du magnétoscope, irrité et gêné à la fois par la scène et j'appuyai nerveusement sur la touche de mise en marche. Les images d'une arrivée d'étape animèrent l'écran. Je pris le boîtier de la cassette posé au-dessus du téléviseur. Une main malhabile avait complété le cadre d'identification de l'enregistrement :

« Tour de France[1] 1982. Étapes de montagne. »

– Il s'entraînait souvent en visionnant les émissions cyclistes ?

La femme renifla avant de me répondre :

– C'est de ma faute. Il l'a depuis trois mois, ce vélo de malheur. Je lui ai payé... Pour son anniver... C'est moi...

Elle s'arrêta, vaincue par les larmes. Le stagiaire s'était approché du cadavre ; il m'appela pour me montrer du doigt la large tache sombre qui s'élargissait à l'entrejambe du pantalon de pyjama. Je compris d'un coup ce que la femme ne parvenait pas à nous dire ainsi que l'expression de surprise qui se lisait dans le regard du mort. D'ailleurs, à cet instant précis, mes yeux devaient

1. **Tour de France** : course très célèbre de cyclisme.

ressembler à ceux de Ribot quand il réalisa, une fraction de seconde trop tard, ce qui lui arrivait.

Hinault devait être lancé à la poursuite de Van Impe et il mettait toute la gomme pour sauver son maillot jaune… Derrière, Ribot se maintenait dans la roue du Français pour conserver sa veste de pyjama à rayures. Si seulement il n'avait pas négligé de vérifier son matériel avant de prendre le départ !

Le collier de serrage de la selle prenait du jeu à chaque effort, chaque tension des muscles. Bientôt le tube montant du cadre vint cogner le rembourrage, sous l'assise.

À deux kilomètres de l'arrivée, tandis que Hinault plaçait Van Impe dans sa ligne de mire, le métal attaquait le cuir du siège. À trois cents mètres du but, le Breton se porta à la hauteur de son adversaire. Ribot tenta de déborder par la gauche du tapis en se penchant dangereusement vers l'extérieur, vers l'armoire. La selle s'ouvrit en deux, le cuir craqua dans un bruit mou à l'instant précis où Hinault faisait franchir la ligne blanche à son boyau avant. Il leva les deux bras pour marquer son triomphe tandis que Ribot s'enfonçait d'un coup sur le tube chromé qui lui perfora les intestins, le tuant net.

Le stagiaire rompit le silence :

– Qu'est-ce qu'on fait dans des cas pareils, inspecteur ?

– Je n'en sais pas plus que toi ! Tu crois que j'ai l'habitude d'en ramasser des dizaines dans cet état-là… Passe un coup de fil à l'hôpital, ils se débrouilleront. Quand tu auras fini, pense à relever la marque du vélo, numéro de série, provenance, fabricant, enfin tout ce que tu peux trouver d'écrit dessus et sur les factures.

Il me regarda avec des yeux ronds.

– C'est vraiment utile ?

– Fais ce que je te dis. Ce gars-là ne doit pas être le seul à grimper le Tourmalet et l'Aubisque en chambre. Il vaut mieux prévenir le reste du peloton si on ne veut pas qu'ils finissent tous sur le pal en appuyant sur les pédales.

Le sportif de la rue de Paris eut droit au numéro 797, huit lignes coincées entre une bagarre dans un café corse et un vol à l'arraché. Quant à moi, il ne me restait plus qu'à attendre le prochain coup de téléphone en guettant le moindre rayon de soleil.

Main courante, Didier Daeninckx,

Solitude numérique

Le pire, si Martine y réfléchissait, c'est que c'était elle qui avait enclenché le processus en lui offrant tout le matériel et l'abonnement à Gold-Sport, deux ans plus tôt pour son anniversaire... Et quand elle voulait être sincère, elle arrivait à s'avouer qu'elle avait une idée derrière la tête en choisissant ce cadeau : le retenir à la maison, samedis soir et dimanches après-midi tout au long de la saison footballistique. Le couper de toute cette bande de supporters assoiffés qui lui volait ses week-ends. Elle le revoyait qui déballait la parabole, plus heureux encore que le gamin qu'elle imaginait, agenouillé près du sapin de Noël devant son premier vélo. Ils avaient passé deux jours entiers à déterminer le meilleur angle de réception, puis à installer la coupole sur le toit du pavillon, à régler la monture polaire[1] motorisée afin de capter aussi bien le satellite Astra qu'Eutelstat. Régis, qui déprimait dès qu'il fallait changer le sac de l'aspirateur ou nettoyer le filtre du lave-vaisselle, se révéla un pilote hors pair dans la conduite du numérique. Les caractéristiques des décodeurs Vidéocrypt et Syster n'eurent plus de secrets pour lui, de même que les signaux oscillants, les angles d'azimut satellitaires, les Puissances Isotropes Rayonnées Équivalents ou l'activation des circuits de clamp[2] ! Il se mit à parler une langue dont elle perdit rapidement la grille de décryptage, où il était question de « source duo-bloc », de « réchauffeurs souples », de « doublement de câble coaxial », de « polariseur mécanique », sans même tenir compte des « Low Noise Block » et autres « Duobinaire Multiplexed

1. **Monture polaire** : structure métallique mobile qui supporte la parabole.
2. **Circuit de clamp** : circuit électrique de sécurité.

Analog Components » ! Ils ne s'adressèrent plus la parole qu'en de rares occasions, entre deux retransmissions. Le plus souvent elle dormait, quand il venait se coucher, gavé d'émotions. Un an plus tard, c'est lui qui lui fit un cadeau : la première parabole fut rejointe par sa sœur presque jumelle afin de détecter les signaux d'autres satellites évoluant plus à l'est ou plus à l'ouest. Au lieu de suivre les péripéties d'un match P.S.G. – Auxerre sur le plastique froid des fauteuils du Parc, Régis pouvait assister, confortablement installé sur son canapé, en direct aux matches de championnat d'Indonésie, de Colombie, de Chine, se tenir au courant, heure par heure, du goal-average● de la troisième division camerounaise, vibrer aux tirs au but d'une finale amateur disputée au fin fond de la Finlande. Le budget consacré aux abonnements atteignait maintenant celui du loyer. Le quatrième décodeur, une merveille permettant également de compresser les images, de les stocker sur vidéo-disques tout en regardant un autre programme, arriva dans le salon débordant d'électronique pour le deuxième anniversaire de l'abonnement à Gold-Sport. Martine fit une ultime tentative pour renouer le dialogue avec Régis en lui apportant son habituel plateau-repas. Il lui fit signe de se taire, de la main, absorbé par le ralenti séquentiel[1] qu'il venait de programmer sur une antique lucarne[2] de Platini● dans un but italien. Elle traversa le jardin, sortit l'échelle double du garage pour aller l'appuyer contre l'arrière du pavillon. Parvenue sur le toit, elle vint se placer à genoux entre les deux paraboles dans lesquelles, pour qu'il l'entende enfin, elle se mit à hurler son désespoir.

« Solitude numérique » in *Passages d'enfer*, Didier Daeninckx,

1. **Ralenti séquentiel** : procédé de ralenti image par image.
2. **Lucarne** : but marqué dans le coin supérieur de la cage.

● **Terme anglais signifiant « moyenne de buts ». Ce système permet de départager deux équipes arrivant ex-æquo, en comptant tous les points qu'elles ont obtenus.**

● **Joueur emblématique de l'équipe de France dans les années 80.**

Discobole, antiquité romaine, Rome, musée du Vatican.

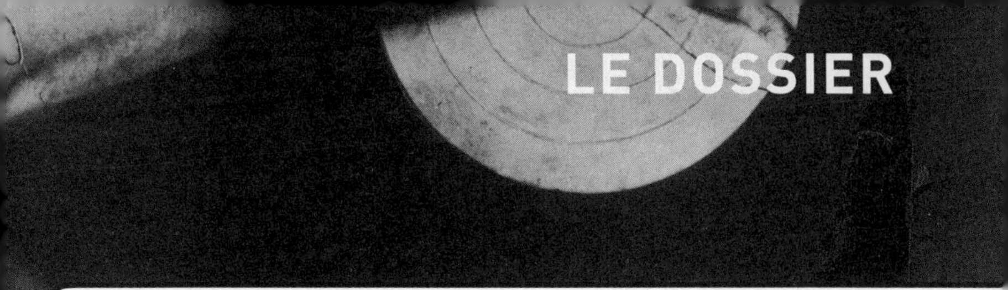

LE DOSSIER

Nouvelles sportives

Huit nouvelles sur le thème du sport

REPÈRES

Qu'est-ce qu'une nouvelle ? 54

Qu'est-ce qu'une satire ? 56

PARCOURS DE L'ŒUVRE

Étape 1 : Lire une nouvelle de D. Paganelli : « La Soixante-quinzième minute » 58

Étape 2 : Lire une nouvelle de P. Fournel : « Le Tueur ». 60

Étape 3 : Lire une nouvelle de D. Daeninckx : « Main courante » 62

Étape 4 : Repérer les caractéristiques du genre de la nouvelle 64

Étape 5 : Caractériser les personnages des nouvelles sportives 66

Étape 6 : Étudier l'image du sport dans les nouvelles. 68

Étape 7 : Analyser l'humour et la satire dans les nouvelles . 70

TEXTES ET IMAGES

Fuir la misère grâce au football 72

Qu'est-ce qu'une nouvelle ?

Une nouvelle est un texte qui raconte en quelques pages seulement un événement présenté comme authentique.

DÉFINITION ET CARACTÉRISTIQUES

La nouvelle* est un récit bref, réaliste, dont l'action est généralement centrée sur un seul événement.
Elle diffère du roman par sa longueur (d'une à quelques dizaines de pages, là où le roman en compte plusieurs centaines) et du conte par l'absence de merveilleux.
Les personnages y sont peu nombreux ; leurs traits physiques, ainsi que l'analyse de leur caractère, sont peu développés.

Dans les nouvelles de Daeninckx, Fournel et Paganelli, aucun personnage n'est réellement décrit, même si l'auteur fait parfois allusion au physique ou à la psychologie des personnages, par exemple pour Mathias Sindelar dans « La Soixante-quinzième minute ».

Par exemple, l'intrigue de « Solitude numérique » *se déroule dans un lieu unique : la maison de Régis et Martine.*

Construite sur le principe du resserrement, la nouvelle présente des faits se déroulant dans un temps généralement court, c'est une « tranche de vie ». L'espace obéit au même principe de resserrement : il est le plus souvent limité.

ORIGINES ET ÉVOLUTION DE LA NOUVELLE

C'est à l'époque de la Renaissance qu'apparaît, pour la première fois en France, le genre de la nouvelle.
Au XVIe siècle, Marguerite de Navarre, sœur du roi François Ier, publie un recueil* de nouvelles : *L'Heptaméron*, inspiré d'un texte italien, le *Decameron* de Boccace (XIVe siècle).

Recueil de nouvelles écrit en italien, qui rassemble cent récits racontés par différents narrateurs successifs : une dizaine de jeunes gens réfugiés à la campagne pour fuir l'épidémie de peste noire qui sévit à Florence en 1348.

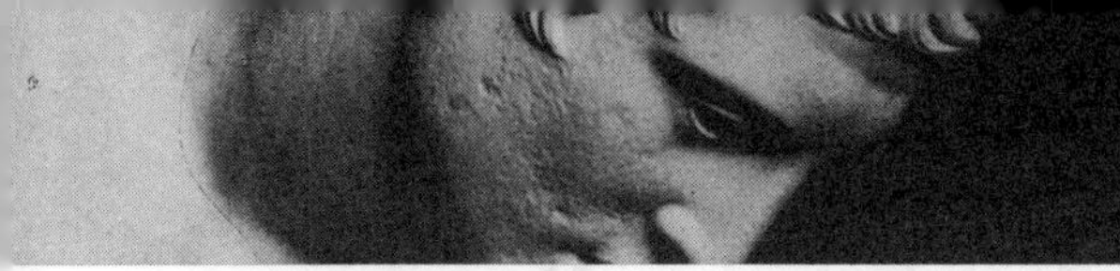

L'Heptaméron

Dans ce récit inachevé, Marguerite de Navarre reprend le modèle de Boccace en usant du récit-cadre : elle raconte l'histoire de personnages qui, immobilisés par un orage dans une abbaye, passent le temps en racontant tour à tour des histoires, ainsi enchâssées dans le récit-cadre. Ces « nouvelles » traitent de différents thèmes souvent liés à l'amour (l'adultère, le mariage...) ou à la satire* religieuse (moines paillards...). La règle d'or est toujours la même pour les conteurs : l'histoire narrée doit s'être réellement passée. Cette notion d'authenticité est devenue l'une des règles de la nouvelle.*

Mais il faut attendre le XIXe siècle pour que la nouvelle prenne son essor et devienne un genre littéraire* à part entière. En effet, la presse d'alors connaît une diffusion grandissante et un emplacement est systématiquement réservé à la publication de courts récits, plus rapides à lire que des romans. C'est ainsi que les nouvelles de Maupassant, Balzac, Mérimée, Stendhal, Flaubert et Zola ont d'abord été publiées, avant d'être réunies en recueils.
C'est aussi au XIXe siècle que se précise la définition de la nouvelle : récit court, réaliste ou fantastique, dont le dénouement*, nommé la « chute* », constitue généralement une surprise pour le lecteur.

● UNE CONSTRUCTION PARTICULIÈRE : LA NOUVELLE À CHUTE

Certaines nouvelles, comme celles de Paganelli, Daeninckx et Fournel, sont des nouvelles à chute : tous les éléments convergent vers un dénouement bref, inattendu, surprenant ou frappant, la « chute ». Particulièrement soignée, cette chute vise en principe à surprendre le lecteur et à susciter sa réflexion. La découverte de la fin de la nouvelle invite le lecteur à une relecture qui lui permet de donner aux événements un éclairage nouveau.

Dans « Main courante », *par exemple, il faut attendre la fin de la nouvelle pour découvrir les raisons de la mort de M. Ribot. Le lecteur peut alors avoir une nouvelle interprétation des faits évoqués précédemment, mieux comprendre les cris de la veuve, les circonstances du décès, la personnalité de la victime...*

Qu'est-ce qu'une satire ?

Une satire est un texte court qui tend à dénoncer, en se moquant, défauts et travers des hommes et de la société.

● DÉNONCER PAR LE SOURIRE

Le mot « satire » vient du latin *satira/ satura*, qui signifie « pot-pourri ». En effet, à l'origine, la satire était un mélange de musique, de paroles et de danse. Ce sens s'est modifié au fil des ans, désignant alors un ouvrage poétique en vers qui cherchait à tourner en dérision les vices et les défauts des hommes. Juvénal et Horace sont parmi les auteurs satiriques latins les plus connus. En France, Régnier et Boileau furent, au XVIIe siècle, les grands illustrateurs de ce genre.

La satire selon Boileau

Elle seule, bravant l'orgueil et l'injustice
Va jusque sous le dais faire pâlir le vice,
Et souvent, sans rien craindre, à l'aide d'un bon mot,
Va venger la raison des attentats d'un sot.
***Satires*, IX.**

Ces quatre vers résument bien la visée de la satire, qui dénonce en faisant rire et ne craint pas les puissants qu'elle critique sous le « dais », sorte de tente qui protège les grands personnages des affronts du soleil.

À l'origine, la satire est donc un poème de quelques vers qui dénonce un défaut par le biais de la moquerie. Dans un sens plus large, on appelle satire tout texte littéraire (en vers ou en prose) dont l'enjeu est de critiquer des vices par le sourire et la raillerie.
Ce type de texte tire son origine de la satire ménipée, ouvrage antique mêlant vers et prose, du nom d'un philosophe grec cynique rendu célèbre pour ses

railleries. Sur ce modèle, la *Satire Ménipée* (1594) est un recueil de pièces, rédigé par des partisans d'Henri IV, qui conjugue vers et prose, et raille la tenue des États généraux convoqués en 1593 par la Ligue.

• UN PROCÉDÉ DE LA SATIRE : L'HUMOUR

L'humour est une forme d'esprit qui consiste à présenter la réalité avec une apparente distance, de manière à en suggérer et à souligner les aspects plaisants ou absurdes.

Il existe différents types d'humour, parmi lesquels l'humour noir qui porte généralement sur un sujet grave, sensible. On parle d'humour noir* lorsqu'on sourit d'une réalité tragique (la mort, la maladie...).

Dans « Main courante », Daeninckx emploie cet humour en choisissant de traiter la mort de M. Ribot avec légèreté. Plutôt que d'avoir recours au pathétique*, il renverse le tragique de la situation et montre l'absurdité de la mort du personnage, décédé sur son vélo d'appartement en voulant imiter un cycliste du Tour de France.

• IRONIE ET SATIRE

L'ironie* est un procédé rhétorique reposant sur un contraste : il s'agit de dire le contraire de ce que l'on pense.

Pour comprendre le propos, ce n'est pas le sens des mots qui doit être modifié, mais la pensée qui ne doit pas être prise pour ce qu'elle paraît.

Il y a un risque que l'ironie ne soit pas perçue par le lecteur, qui doit pour cela accomplir un travail d'interprétation.

Ce procédé, très présent dans la satire, qui cherche à dénoncer un élément blâmable en le rendant ridicule ou en feignant d'en faire l'éloge, est aussi à l'intersection du comique et du tragique.

Au théâtre, on parle d'ironie tragique lorsqu'un personnage évoque un fait dont le sens lui échappe, à l'inverse des spectateurs.

L'ironie tragique est présente dans les deux nouvelles de Daeninckx. Dans « Solitude numérique », la situation se retourne contre Martine et devient tragique : la parabole qui devait la rapprocher de son mari finit par l'en éloigner davantage. Régis finit par ne plus vivre que pour sa télévision, d'où le cri final et désespéré de sa femme.

Étape 1 • Lire une nouvelle de D. Paganelli : « La Soixante-quinzième minute »

SUPPORT : « La Soixante-quinzième minute », D. Paganelli

OBJECTIF : Analyser la construction de la nouvelle et identifier sa dimension argumentative.

As-tu bien lu ?

1 Que se passe-t-il le 19 août 1998 ?

2 Qui est Mathias Sindelar ?

3 Quel événement a lieu le 9 novembre 1938 ?
☐ l'invasion de l'Autriche par les nazis
☐ la mort de Mathias Sindelar
☐ la Nuit de cristal

4 Qui remporte le match de football le 4 juillet 1941 ?
Pourquoi cette victoire surprend-elle ?

Irruption de l'Histoire dans l'histoire

5 Dans quel contexte politique a lieu le championnat d'Allemagne de 1941 ?

6 La nouvelle de Paganelli repose sur des récits enchâssés* (imbriqués les uns dans les autres). Analyse la construction de ce texte en complétant le tableau qui suit :

Récit-cadre	Premier retour en arrière	Deuxième retour en arrière
Match amical de l'équipe de France contre l'équipe autrichienne en 1998		

7 **a)** Quel événement au début de la nouvelle entraîne le premier retour en arrière ?
b) À ton avis, pourquoi ce retour en arrière est-il si important dans le texte ?

8 Résume la chute de cette nouvelle et explique la signification de son titre.

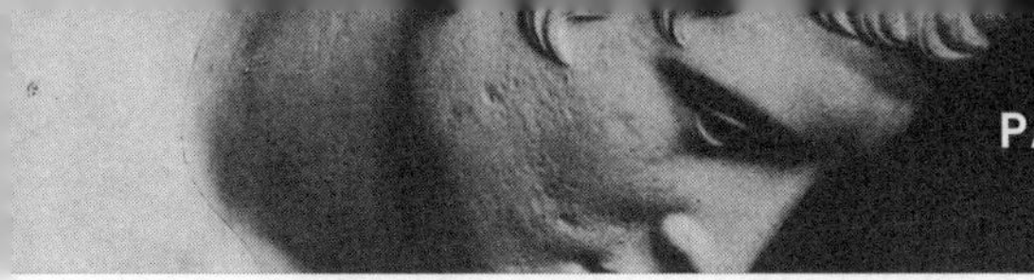

Récit de la mort d'un champion juif

9 Quelles expressions montrent l'opposition entre Mathias Sindelar et les nazis ? Que pense Mathias Sindelar du parti nazi ? Justifie ta réponse.

10 Que signifie l'expression « destination finale » ? Quelles personnes cette destination concerne-t-elle ?

11 Comment meurt Mathias Sindelar ? À ton avis, s'agit-il d'un suicide ou d'un meurtre ? Justifie ta réponse en citant le texte.

12 Quel paradoxe* est énoncé dans ces deux phrases : « Mourir pour ne pas dépérir. Mourir pour rester libre. » ?

La langue et le style

13 « Sur le terrain, les gars de Westphalie *soufflent*, ceux du Rapid *s'essoufflent* ».
a) Sur quel radical commun les deux verbes soulignés sont-ils formés ?
b) Quel élément permet de distinguer ces deux verbes de la même famille ?

14 « Il se joue de tous les tacles... » : quel sens a ici l'expression « se jouer de » ?

Faire le bilan

15 Complète ce texte à trous afin de mettre en évidence le message véhiculé par chacun des récits :
Lors du match qui oppose l'équipe de France à l'équipe autrichienne, en ...., le passé resurgit au moment de...................................... .
Ce premier récit est le récit-.............de l'histoire racontée. Le premier récit enchâssé est celui de la mort de .... : hommage au courage d'un ....qui a refusé de servir le régime.................... et d'adhérer à la barbarie. Le second récit enchâssé, qui retrace la..........................de l'équipe de Vienne sur l'équipe..................démontre qu'un peuple opprimé doit toujours croire en sa chance de .... contre l'oppresseur.

À toi de jouer

16 Imagine le discours d'adieu du « Mozart du football » lors de son dernier match le 26 décembre 1938. Évoque sa passion pour le football, mais également sa haine du régime nazi, sa déception face à ce qui se passe dans son pays et les raisons de son départ qui se placent au-delà du sport.

Étape 2 • Lire une nouvelle de P. Fournel : « Le Tueur »

SUPPORT : « Le Tueur », P. Fournel

OBJECTIF : Étudier la façon dont Paul Fournel raconte un match de boxe.

As-tu bien lu ?

1 Quelle est la profession du personnage principal ?
☐ un tueur à gages ☐ un boxeur ☐ un gymnaste

2 Qui est monsieur Jean par rapport au personnage principal ?
☐ un ami ☐ un voisin ☐ un entraîneur

3 Quels sont les autres personnages de la nouvelle ?
Nomme-les et précise quel est le métier de chacun.

L'art du récit

4 « Après la pesée, il lui restait exactement vingt-sept heures pour devenir un tueur » (l. 1-2). D'après cette phrase, quel va être le contenu de l'action ?

5 Identifie les différentes étapes du récit en complétant le tableau ci-dessous :

Étapes du récit	Résumé
Étape 1	La pesée (27 heures avant le match)
Étape 2	
Étape 3	
Étape 4	
Étape 5	
Étape 6	
Étape 7	
Étape 8	
Étape 9	
Étape 10	
Étape 11	

6 En combien de pages tiennent les dix étapes ? En combien de lignes est racontée la dernière étape ? Que peux-tu en déduire ?

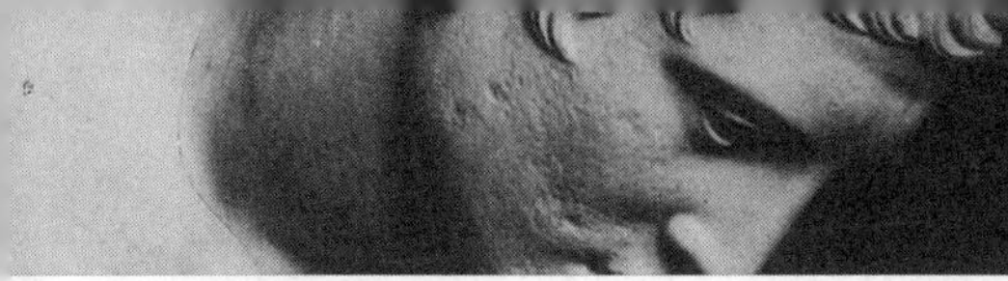

L'art de la chute

7 Que signifie l'expression finale « un honnête tueur à la limite » ?

8 Comment le narrateur s'y prend-il pour ménager le suspense avant d'annoncer le résultat de match ?

9 Dans quelle mesure peut-on dire que le ton de la chute est ironique ? Justifie ta réponse.

10 Après avoir lu la nouvelle en entier, quel commentaire son titre t'inspire-t-il ?

La langue et le style

11 **a)** Relève six termes appartenant au champ lexical de la boxe.
b) Relève quatre termes appartenant au champ lexical du combat.

12 Observe le discours que monsieur Jean fait au « tueur » avant le match (de « un drôle de coco (...) » à « (...) âme noire.», l. 50 à 55).
Quelle figure de style est principalement utilisée dans ce passage ? En quoi doit-elle servir à motiver l'athlète ?

Faire le bilan

13 Complète ce texte à trous :
Monsieur...............a un objectif : faire de son athlète un ....
Après une nuit................, le tueur prépare son match, physiquement et....................... : il repense à son adversaire, un.................contre lequel il doit absolument............. . Pendant cette préparation, le sportif doit se......................., ne pas se laisser ....par son adversaire.
Juste avant le combat, monsieur Jean dit à son athlète de ....le Belge ; mais, c'est lui qui se fera battre en à peine ....rounds.

À toi de jouer

14 Avec d'autres camarades, documente-toi sur l'univers de la boxe afin de rendre compte oralement de ce travail de documentation et d'organiser un débat final sur les valeurs de ce sport.

Étape 3 • Lire une nouvelle de D. Daeninckx

SUPPORT : « Main courante », D. Daeninckx

OBJECTIF : Mettre en évidence les caractéristiques de nouvelle policière, sa tonalité noire.

As-tu bien lu ?

1 Où se déroule l'histoire de la nouvelle ?
☐ à Paris ☐ à Courvilliers ☐ à Aubervilliers

2 Combien de personnages sont présents sur la scène du crime ? Nomme-les.

3 Quel est le sujet de la cassette retrouvée dans le magnétoscope du défunt ?
☐ le Tour de France 1982
☐ la Coupe du Monde 1998
☐ le Paris-Nice 1992

4 Quelle est la première raison du décès à laquelle pense l'enquêteur quand il arrive sur les lieux ?

Une nouvelle policière ?

5 Quels personnages sont des personnages types, incontournables, des récits policiers ? Nomme-les.

6 Comment procède l'inspecteur pour connaître les raisons du décès ?

7 Cette nouvelle présente une chronologie inversée. Indique à quel moment le récit remonte dans le temps. Explique la raison de ce retour en arrière.

8 « Ce gars-là ne doit pas être le seul à grimper le Tourmalet et l'Aubisque en chambre. Il vaut mieux prévenir le reste du peloton si on ne veut pas qu'ils finissent tous sur le pal en appuyant sur les pédales » (l. 132 à 135). Quel est le ton adopté par le commissaire dans ces propos ? Comment considère-t-il les personnes qui pratiquent, comme M. Ribot, le cyclisme en chambre ?

9 Selon toi, peut-on qualifier l'inspecteur de héros ? Justifie ta réponse.

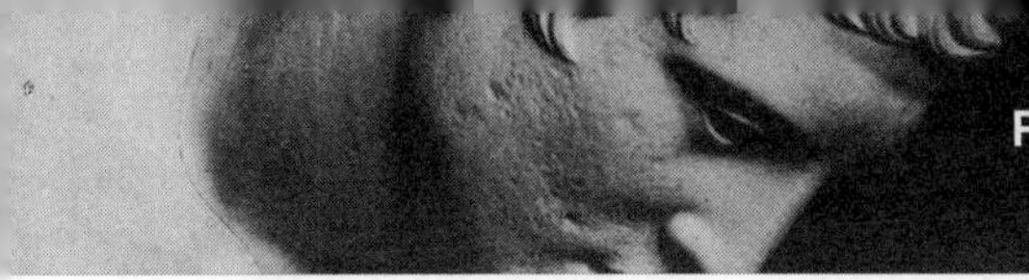

Une histoire de banlieue ordinaire

10 Dans l'incipit*, quelle image est donnée du décor (ville, commissariat) ? Justifie ta réponse en citant le texte.

11 À quelle classe sociale appartiennent les Ribot ? Appuie-toi sur le texte pour répondre.

12 Que signifie l'expression « main courante » ?

La langue et le style

13 « Derrière, Ribot se maintenait... » (l. 105 à 106) : quel sens a ici l'adverbe « derrière » ? En quoi l'emploi de ce mot témoigne-t-il d'une certaine confusion dans l'esprit de Ribot ?

14 « Si seulement il n'avait pas négligé de vérifier son matériel avant de prendre le départ ! » (l. 107 à 108)
a) Quel est le type de phrase employé dans cet extrait ?
b) Quel ton est utilisé dans cet extrait ? Que faut-il comprendre ?

15 « Il leva les deux bras pour marquer son triomphe tandis que Ribot s'enfonçait d'un coup...» (l. 119 à 120) : quel connecteur logique* marque l'opposition entre Ribot et son modèle ? Que montre cette opposition ?

Faire le bilan

16 En t'appuyant sur tes réponses précédentes, rédige un court paragraphe en expliquant dans quelle mesure le tragique du destin de M. Ribot est atténué par l'humour du narrateur.

À toi de jouer

17 « Le sportif de la rue de Paris eut droit au numéro 797, huit lignes coincées entre une bagarre dans un café corse et un vol à l'arraché. » Imagine en un paragraphe le rapport fait par l'inspecteur de police.

Étape 4 • Repérer les caractéristiques du genre de la nouvelle

SUPPORT : « Main courante », « Le Crack », « Coup de pompe », « Olympiades », « Le Tueur », « La Cavalière », « Solitude numérique »

OBJECTIF : Repérer et analyser les marques du genre dans les nouvelles du recueil.

As-tu bien lu ?

1 Retrouve le titre de la nouvelle qui correspond à chacun de ces résumés :
– Un coureur cycliste à moitié ivre commence péniblement une course qu'il finit par remporter haut la main :..............
– Une jeune femme s'enfonce dans une solitude désespérée après avoir abonné son mari à une chaîne sportive :..................
– Un coureur olympique, au faîte de sa gloire, décide de tout abandonner pour partir en vainqueur :.................
– Une jeune fille douée pour le saut en hauteur devient championne de France et épouse son entraîneur :...................
– Un coureur professionnel se retrouve victime des obligations de résultats et des manœuvres pour les obtenir :..................
– Un commissaire désabusé est confronté à un étrange accident : un passionné du Tour de France, mort sur son vélo d'appartement :....................
– Le récit des vingt-sept heures précédant le match d'un boxeur professionnel conditionné pour « démolir » son adversaire :.....................

Une narration resserrée

2 **a)** Combien y a-t-il de personnages dans « Solitude numérique » ?
b) En quoi le titre peut-il paraître surprenant ? Explique sa signification.

3 **a)** Remplis le tableau ci-dessous afin de répertorier les principaux lieux dans lesquels se déroule l'action de chaque nouvelle.
b) Combien de lieux trouve-t-on au maximum dans une nouvelle ? Que peux-tu en déduire ? Justifie ta réponse.

Titre de la nouvelle	Principaux lieux de l'action
Solitude numérique	
Main courante	
Le Crack	
Coup de pompe	
Olympiades	
Le Tueur	
La Cavalière	

4 Quelles nouvelles présentent un incipit *in medias res** ?
Quel est l'intérêt de ce type d'ouverture pour le genre de la nouvelle ?

Une chute frappante

5 La nouvelle traite généralement d'un événement. Dans « Olympiades », « Le Crack », « Main courante » et « Solitude numérique », explique, en le résumant, de quel événement il s'agit.

6 Quelle est la fin de « Main courante » et d'« Olympiades » ? En quoi chacune de ces chutes est-elle inattendue ? Justifie ta réponse.

7 Dans « La Cavalière », quel temps est principalement utilisé pour évoquer : la formation de la jeune athlète (l. 51 à 58) ; le championnat de France (l. 65 à 70) ; l'union de la jeune femme et de son entraîneur (l. 81 à 85).
Indique la valeur de chacun de ces temps et justifie son emploi dans chaque extrait.

Faire le bilan

8 Complète ce texte à trous qui récapitule les caractéristiques de la nouvelle :
La nouvelle est un récit.................. Son action se concentre en général sur un seul.................Les personnages sont peu...................... . L'espace est souvent....................... ; dans « Main courante », l'histoire débute dans un .... pour se poursuivre chez les Ribot. L'histoire racontée a généralement une fin ...., appelée............. Dans « Olympiades », la fin permet au ....de mieux comprendre les raisons du départ d'........................ et invite donc le lecteur à ....à rebours.

À toi de jouer

9 À partir de la nouvelle « Le Crack », imagine une chute différente en veillant à ce qu'elle soit particulièrement inattendue !

Étape 5 • Caractériser les personnages des nouvelles

SUPPORT : Toutes les nouvelles

OBJECTIF : Établir une typologie des personnages : sportifs et non sportifs.

As-tu bien lu ?

1 Identifie chacun des personnages correspondant aux définitions ci-dessous :
– Depuis que ma femme m'a offert une parabole, je ne quitte plus mon canapé : ....
– Considéré comme l'un des meilleurs joueurs de foot autrichien, ma vie s'est achevée brutalement : ....
– J'ai remporté une course à moitié ivre, prouvant que j'étais un champion : ....
– Alors que j'étais de loin le meilleur, j'ai quitté la piste sans explication : ....

2 Dans « Le Crack », quel rôle joue le narrateur auprès de Jacques ? Il est...
☐ son adversaire ☐ son second dans la course ☐ son entraîneur

Personnages principaux et personnages secondaires

3 Fais la liste des personnages principaux et des personnages secondaires de chaque nouvelle (il peut y avoir plusieurs personnages principaux dans une même nouvelle). Tu peux répondre sous forme de tableau.

4 Parmi les personnages principaux, lesquels sont des sportifs de haut niveau ?

5 Parmi les personnages secondaires, distingue les professionnels qui entourent le sportif et ses proches. Précise quand certains exercent les deux rôles.

Héros et anti-héros

6 Parmi les personnages des nouvelles étudiées, lesquels peuvent être considérés comme des héros ? Justifie ta réponse.

7 En quoi Jacques dans « Le Crack » et Franz Binder dans « La Soixante-quinzième minute » apparaissent-ils comme des archétypes du sportif ? Justifie ta réponse.

8 **a)** Parmi tous les personnages de ces nouvelles, un seul a un idéal qu'il place au-dessus des valeurs sportives. Quel est cet idéal ?

b) Pourquoi cela le mène-t-il à arrêter sa carrière ? En quoi reste-t-il néanmoins un héros ?

9 En quoi l'homme de « Main courante » est-il un anti-héros ? Justifie ta réponse.

10 En refusant de courir, Alberto Toran tente de rester à jamais un héros. En quoi cette attitude est-elle paradoxale* ?

11 Explique en quoi le personnage principal de la nouvelle « Le Tueur » est un anti-héros. Appuie-toi sur le texte pour répondre.

La langue et le style

12 Complète ce tableau ci-dessous afin de relever les périphrases* employées pour désigner les personnages :

Personnages	Périphrases
Mathias Sindelar	
Jacques	
L'adversaire d'Alberto Toran	
Le boxeur professionnel	

Faire le bilan

13 En t'aidant de tes réponses aux questions précédentes, complète ce texte à trous :

Les personnages des nouvelles sportives sont soit des....................., soit des .... Ainsi, l'image du sportif n'est-elle pas toujours............ : la ....travaille « sans enthousiasme », M. Ribot...................... devant le Tour de France. Dans tous les cas, il s'agit de mettre en avant une....................ou un défaut qu'incarne chacun des personnages. C'est pour cela que, très souvent, les noms et prénoms des personnages sont .... : le boxeur ou encore la cavalière ont en commun d'être représentatifs de différents types d'athlètes. Ce sont des ....

À toi de jouer

14 Les spectateurs venus assister au critérium ont découvert que Jacques était à moitié ivre lors de sa course. Trouve deux-trois arguments et imagine quelle pourrait être la défense de Jacques venu se justifier lors d'un passage au journal télévisé.

Étape 6 • Étudier l'image du sport dans les nouvelles

SUPPORT : Toutes les nouvelles

OBJECTIF : Analyser l'image contrastée que ces nouvelles donnent du sport tel qu'il est pratiqué dans la société contemporaine.

As-tu bien lu ?

1 Combien de fois Alberto Toran a-t-il été médaillé d'or aux Jeux olympiques ?
☐ 2 fois ☐ 3 fois ☐ 4 fois

2 À partir de la liste proposée, complète chacune des définitions : athlétisme ; boxe ; football ; équitation ; cyclisme
– Parmi mes entraînements, on compte ceux de la corde à sauter et du sac de sable :...
– Je suis une discipline qui compte plusieurs épreuves, dont celle des haies :...
– Onze joueurs permettent de créer une équipe :...
– On parle souvent de saut d'obstacle dans ma discipline :...
– Le Tour de France est la compétition la plus connue du sport que je représente :...

Les valeurs olympiques

3 Quelle image du sportif est véhiculée par Franz Binder ? Justifie ta réponse à l'aide du texte.

4 « Plus vite, plus fort, plus haut » : complète le tableau ci-dessous en indiquant quelle partie de cette devise illustrent les athlètes des nouvelles citées.

Nouvelles	Plus vite	Plus fort	Plus haut
La Soixante-quinzième minute			
Le Crack			
Coup de pompe			
Le Tueur			
La Cavalière			
Olympiades			

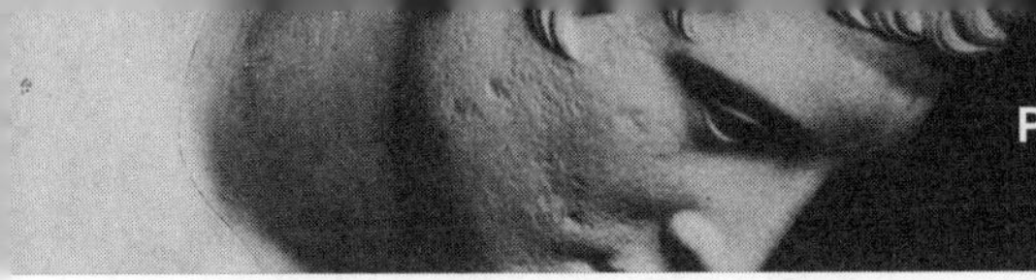

Une image du sport contrastée

5 En quoi « Solitude numérique » et « Main courante » donnent-elles une image différente du sport par rapport aux autres nouvelles ?

6 Dans quelle mesure peut-on parler, pour Régis, M. Ribot et le personnage de « Coup de pompe », d'aliénation ?

7 En quoi l'argent tient-il un rôle moteur dans « Coup de pompe » et « Le Crack » ? Justifie à chaque fois ta réponse en citant le texte.

8 « Il était seul » (l. 62) : à l'instar du personnage de « Coup de pompe », quels athlètes vivent dans la solitude ? Pourquoi selon toi ?

La langue et le style

9 « On s'use vite dans la défaite » (« Olympiades »).
a) Quel temps est employé dans cette phrase et quelle est sa valeur ?
b) À quel type d'expressions cette phrase fait-elle penser ?

10 Comment comprends-tu le titre « Coup de pompe » ? Donne une explication en t'appuyant sur les différents sens du mot.

11 « Alberto n'était pas né pour être battu » (l. 71). Quelle forme de phrase est utilisée ici ? En quoi cela donne-t-il plus de force au sens de la phrase ?

Faire le bilan

12 En t'appuyant sur tes réponses précédentes, explique en cinq lignes dans quelle mesure les nouvelles sportives donnent une image contrastée du sport.

À toi de jouer

14 Lors d'une conférence de presse, un journaliste sportif reproche à Alberto Toran de n'avoir pas « participé » comme le prônait Pierre de Coubertin (voir L'Enquête p. 81). Imagine quel peut être son discours et trouve au moins deux arguments démontrant qu'Alberto n'a pas agi en suivant le précepte olympique.

15 Par groupe de deux, rédigez une charte du sportif en utilisant des phrases affirmatives et négatives.

Étape 7 • Analyser l'humour et la satire dans les nouvelles

SUPPORT : « Solitude numérique », « Main courante », « Le Crack », « Coup de pompe », « Le Tueur »

OBJECTIF : Repérer les différentes formes d'humour, les aspects satiriques dans les nouvelles du recueil.

As-tu bien lu ?

1 Dans « Solitude numérique », qu'achète Martine pour passer plus de temps avec Régis ?
- ☐ un pavillon
- ☐ une parabole
- ☐ un magnétoscope

2 Dans « Main courante », pourquoi une femme hurle-t-elle au moment où elle appelle la police ?
- ☐ elle a perdu son chat
- ☐ elle s'est fait agresser
- ☐ son mari est mort

3 Plutôt que le dopage, la veille d'une course, Jacques semble préfèrer :
- ☐ boire de l'alcool
- ☐ manger un gros plat des pâtes
- ☐ se recueillir et prier

Quand le physique fléchit...

4 **a)** Dans « Main courante », comment s'explique la mort de Ribot ?
b) Quel parallèle établit le narrateur de « Main courante » pour décrire la mort de M. Ribot (l. 104 à 121) ? Quel est l'intérêt d'utiliser l'humour dans le récit d'un tel événement ?

5 Relève des expressions qui montrent que le narrateur de la nouvelle « Le Crack » utilise l'humour pour décrire la course de Jacques.

6 En quoi la victoire de Jacques peut-elle paraître ironique ? Justifie ta réponse.

7 Dans quelle mesure le boxeur de la nouvelle « Le Tueur » n'a-t-il finalement rien d'un tueur ? Appuie-toi sur le texte pour répondre.

Des conséquences inattendues

8 À force de ne pas se ménager, quel risque encourt le personnage principal de « Coup de pompe » ? Relève des expressions qui te permettent de répondre.

9 Quelle conséquence le cadeau de Martine a-t-il finalement sur son couple? Était-ce le but recherché initialement ?

10 Explique en quoi la nouvelle « Solitude numérique » est fondée sur l'humour.

La langue et le style

11 Relève dans « Main courante » deux ou trois hyperboles*. En quoi servent-elles l'ironie ?

12 « Main courante », l. 107 à 108 :
a) Quelle figure d'insistance est ici utilisée ?
b) Pourquoi l'auteur emploie-t-il un point d'exclamation ? Quel est l'effet créé ?

Faire le bilan

13 L'humour est fondé sur le décalage. En remplissant le tableau ci-dessous, montre en quoi consiste ce décalage dans chacune des nouvelles.

Nouvelles	Fait / Action	Conséquence prévisible	Conséquence réelle
Solitude numérique			
Main courante			
Le Crack			
Coup de pompe			
Le Tueur			

À toi de jouer

14 Le personnage de « Coup de pompe » se met à avoir des hallucinations lors d'un marathon, à cause de la fatigue et des produits dopants. Décris ce qu'il voit et ce qu'il ressent en ayant recours au procédé de l'humour et en utilisant notamment des hyperboles ainsi que des phrases exclamatives.

Fuir la misère grâce au football : groupement de documents

OBJECTIF : Comparer plusieurs documents sur le thème du football.

DOCUMENT 1 DOMINIQUE PAGANELLI, « Terrain vague », in *Libre arbitre*, Actes Sud, 2006.

Cet extrait constitue l'incipit de la nouvelle.

Casablanca, décembre 2005.

Mohamed a toujours joué au foot. Il a fait ses débuts quand il était môme sur ce terrain vague qui jouxte[1] la caserne des pompiers Ach-Chouhada. Tous les gosses du quartier ont tapé la balle sur cette terre amochée, et appris à dribler d'abord les creux et bosses du sol capricieux avant de mettre dans le vent leurs adversaires directs. « La pelouse », comme ils l'appelaient par dérision, c'était tour à tour le parc des Princes, Wembley et, pour les matchs de gala, le Maracaña de Rio de Janeiro. C'est sans doute grâce à l'état désastreux de ce terrain vague qu'ils ont acquis une technique irréprochable, comprenant instinctivement que la passe à un coéquipier vaut toujours mieux pour le jeu que le plaisir individuel de porter jalousement la balle. Mais ne croyez pas pour autant que la liberté créatrice s'exprimait dans un désordre bon enfant. Goûter au bonheur du jeu collectif s'accompagnait de règles strictes pour pouvoir évoluer sur « la pelouse ». Ce n'est qu'après avoir donné les preuves de leur technique parfaite et du rejet du jeu « perso » que les nouveaux venus recevaient l'autorisation de pouvoir s'affubler[2] du prestigieux nom de footballeurs. Magique, l'endroit avait la vertu des contes de fées qui transforment un bambin en Pelé, Cruyff ou Platini[3], et tout adulte en enfant de cours moyen première année, grand maximum.

1. **Jouxter** : être tout près.
2. **S'affubler** : s'habiller de manière ridicule, comme si on se déguisait. Ici, le verbe est pris dans un sens plus large et signifie : s'attribuer un titre important.
3. Ce sont de grands joueurs de football.

DOCUMENT 2 MARC VILLARD, « Double contact », in *Le Coup du sombrero*, L'Atalante, 2008.

Voici le début du récit.

La nuit tombe sur le vieux stade de Lamberville. Cinq gamins se meuvent dans la demi pénombre, le regard aimanté à un ballon de football flambant neuf offert par la femme de l'Aide sociale. Deux d'entre eux flirtent avec la perfection. Ce sont les moins bavards, la musique des sphères est dans leur tête. La balle se faufile, collée à leurs tennis.

Ils alignent sans désemparer contrôles en course, petits ponts, râteaux, sans oublier la fameuse bicyclette qui permet au goal volant de décoller pour taquiner la lucarne.

Ils ont quinze ans, des rêves de Camp Nou dans le cerveau, des songes d'ivresse dans un Stade de France chauffé à blanc. La balle court entre les gosses qui, ivres de fatigue, trouvent encore la force de tenter des feintes de corps, des doubles contacts, sortir des leurres, plonger au centre et lober de balles piquées le gardien de but, un Portos[1] de seize ans qui culmine à cent soixante-dix centimètres et qui n'en bougera plus.

Le vent se lève, une fraîcheur nouvelle imprègne leurs maillots. L'un d'eux donne le signal du départ.

Le plus élégant dans le jeu – un danseur de playground – est un Black aux yeux sombres et au sourire timide.

Il est bon dernier à quitter le terrain, enfourche un vieux vélo et gagne sans se presser la cité du Val-d'Enfer, justement nommée, qui borde la nationale à l'ouest et s'appuie sur l'hyper Auchan à l'est. Le genre de refuge que vous ne souhaiteriez pas à votre pire ennemi.

1. **Portos** : expression familière pour désigner un Portugais.

DOCUMENT 3

Photographie de Diego Maradona

Photographie prise lors du match de quart de finale de la coupe du monde Argentine / Angleterre (1986).

« La Main de dieu », Diego Maradona durant le match Argentine/Angleterre au stade Azteca, Coupe du Monde de Football, Mexique, 1986.

As-tu bien lu ?

1 Document 1 : Mohamed joue au foot depuis :
☐ quelques mois à peine ☐ qu'il a été repéré par des professionnels
☐ sa plus tendre enfance

2 Document 2 : l'action se déroule :
☐ dans une petite ville portugaise ☐ dans une banlieue française
☐ au stade de France

3 Document 1 : pourquoi ce terrain vague permet-il aux footballeurs d'avoir une technique de jeu irréprochable ?

4 Document 2 : pourquoi peut-on parler de contraste (opposition) entre l'atmosphère du terrain de football et celle de la cité ?

Une vie difficile

5 Trouve, dans les deux documents, des expressions montrant que Mohamed et le personnage du document 2 vivent ou ont vécu dans un endroit non propice à la réussite professionnelle.

6 Dans le document 2, explique la phrase finale. Comment peut-on définir la cité ?

Le football comme échappatoire[1]

7 Dans le document 2, pourquoi, selon toi, le « danseur de playground » est-il le dernier à quitter le stade ?

8 À l'aide des textes, complète le tableau ci-dessous afin de montrer que le football transforme quiconque y joue.

	Mots ou expressions désignant le football comme un espace de rêve
« Terrain vague »	
« Double contact »	

9 À ton avis, en quoi le football est-il un moyen de fuir la misère, fût-ce pour quelques heures seulement ?

Lire l'image

10 Décris l'action des deux joueurs au premier plan. Que sont-ils en train de faire ? Selon toi, a-t-on le droit de jouer au football avec la main ?

11 On a coutume d'appeler, depuis 1986, la main de Diego Maradona « la main de Dieu » : qu'est-ce que cela signifie, selon toi ? En quoi cette photographie montre la force presque surhumaine du joueur ?

À toi de jouer

12 Imagine que Mohamed, grande star du football, retourne dans son ancien collège expliquer aux élèves comment ce sport l'a sorti de la misère. Décris notamment le contraste entre le « terrain vague » et sa vie actuelle.

1. **Échappatoire** : moyen de fuir.

Si les Jeux olympiques ont évolué depuis l'Antiquité, ils n'en restent pas moins un rendez-vous incontournable pour les athlètes de haut niveau et l'occasion de rappeler les valeurs primordiales liées au sport. Quel sportif n'a pas rêvé de décrocher une médaille olympique dans sa discipline ? Les Jeux constituent ainsi un objectif majeur, voire ultime, dans la vie des sportifs. Mais quelles sont les différences entre les Jeux olympiques d'hier, ceux de l'Antiquité, et les Jeux d'aujourd'hui ?
Les disciplines ont-elles toujours été les mêmes ?

Les Jeux olympiques : hier et aujourd'hui

1 Quelles sont les origines des Jeux olympiques ? 78

2 À quelle date renaissent les Jeux olympiques ? 80

3 Quelles disciplines sont représentées ? 82

4 Quels liens existe-t-il entre la politique et les Jeux olympiques ? 84

5 Quels sportifs sont emblématiques des Jeux olympiques ? 86

L'ENQUÊTE EN 5 ÉTAPES

1 Quelles sont les origines des Jeux olympiques ?

L'origine des Jeux olympiques est imprécise : personne ne peut exactement la dater, même si l'ouverture en Grèce d'un palmarès en 776 avant J.-C. laisse supposer que le début de la compétition olympique a dû correspondre aux alentours de cette date.

• DES JEUX SACRÉS AU CŒUR DE LA VIE QUOTIDIENNE

Au départ, les Jeux olympiques sont des fêtes athlétiques se déroulant dans toutes les cités grecques. Les premiers Jeux sont organisés à la demande d'Iphitos, roi d'Élide (région de Grèce). Ils sont liés au culte d'une divinité ou d'un héros, c'est pourquoi seuls les champions qu'on juge dignes de concourir sous le regard des dieux ont le droit d'y participer. Ainsi, les Jeux olympiques doivent-ils permettre de désigner le meilleur des Grecs : le vainqueur (appelé « olympionique »), adulé par le peuple et mythifié, voit, à sa victoire, une statue à son effigie érigée à côté de celle des dieux. À cette occasion, une trêve olympique d'un mois est proclamée entre la Grèce et les pays voisins ; ceux qui ne respectent pas cette règle sont sévèrement punis.

Certaines manifestations sont particulièrement réputées : les Jeux de Delphes, ceux de l'Isthme de Corinthe, de Némée et d'Olympie.

Course d'athlètes, *vase grec à figures noires, Ve siècle av. J.-C. — Berlin, Antikensammlung.*

Les Premiers jeux se déroulent sur une journée, puis les compétitions peuvent durer jusqu'à 5 jours.

Un calendrier olympique

Dans l'Antiquité, les Jeux ont lieu tous les quatre ans, probablement à la première lune après le solstice d'été (21 juin). Preuve qu'ils prennent une importance considérable dans la vie des Grecs : les Jeux servent de base à leur calendrier divisé en olympiades. La date de -776 marque le début du calendrier olympique.

Vainqueur recevant la médaille de la victoire, *vase grec à figures rouges, Ve siècle av. J.-C. — Londres, British Museum.*

LA DÉCADENCE ET LA DISPARITION DES JEUX

C'est le statut mythique des athlètes qui est cause de la progressive disparition des Jeux. Peu à peu, les vainqueurs obtiennent de nombreux privilèges : cadeaux, exonération d'impôts... Les entraînements coûtant de plus en plus chers, seuls les plus riches peuvent y participer. Il s'agit alors de démontrer sa supériorité physique, par tous les moyens. Les courses à pied sont ainsi supplantées par des courses de chars et des combats de gladiateurs, reléguant aux oubliettes l'idéal antique. Les Romains reprennent ces combats à leur compte, faisant des Jeux avant tout un spectacle. L'empereur Néron par exemple prend personnellement part aux courses de chars. La corruption et la violence sont telles qu'aux alentours de 393 après J.-C., l'empereur Théodose Ier, sous l'influence de l'évêque de Milan, décide d'interdire les rites et lieux de culte païens, supprimant les Jeux à jamais.

2 À quelle date renaissent les Jeux olympiques ?

Les Jeux olympiques n'existeraient plus si un Français n'avait décidé, au XIXe siècle, de rétablir cette compétition. Pierre de Coubertin souhaite que les valeurs de l'olympisme grec soient à nouveau transmises et véhiculées lors des Jeux olympiques. Malgré les réticences de certains, le 23 juin 1894, lors d'un congrès, on décide que les Jeux olympiques se dérouleront tous les quatre ans.
Un comité international des Jeux olympiques (CIO) est créé, ainsi que la devise olympique : « Citius, Fortius, Altius [1] ».
M. de Coubertin a réussi : la flamme olympique va enfin renaître !

• 1896 : LA PREMIÈRE OLYMPIADE RECONSTITUÉE

C'est à Athènes, berceau des Jeux olympiques, qu'a lieu la première édition. Pour ces premiers Jeux, toute la Grèce est en liesse. Neuf sports sont pratiqués : athlétisme, cyclisme, escrime, gymnastique, haltérophilie, lutte, natation, tennis, tir ; mais, ce qui est étonnant, c'est qu'aucune discipline n'est ouverte aux femmes. Il faudra attendre la 2e olympiade en 1900 à Paris pour que des épreuves commencent à être accessibles aux femmes !

• JEUX D'ÉTÉ ET JEUX D'HIVER

La restauration des Jeux olympiques antiques s'applique au départ aux Jeux d'été. Il faut attendre 1924 pour que les premiers Jeux olympiques d'hiver aient lieu. Ils se déroulent à Chamonix. Aujourd'hui, une alternance a lieu entre les Jeux d'été et les Jeux d'hiver, avec un décalage de deux ans.

1. *Citius, Fortius, Altius* : devise qui vient du latin et signifie : « Plus vite, plus fort, plus haut ».

● PIERRE DE COUBERTIN : FONDATEUR DES JEUX OLYMPIQUES ACTUELS

Depuis sa jeunesse, Pierre Fredi, baron de Coubertin, ne cesse de clamer le droit au sport pour tous. Il souhaite l'ouverture de gymnases municipaux gratuits, veut créer des universités ouvrières, fait imposer l'éducation physique dans toutes les écoles de France... À travers ce désir de démocratisation, se fait sentir, plus largement, le souhait de contribuer à l'histoire du sport, mais aussi de faire revivre un mythe : celui des Jeux olympiques. Tout le monde a retenu la formule attribuée au baron : « L'important est de participer », mais qui connaît son véritable précepte : « L'important aux Jeux olympiques n'est point tant d'y gagner, mais d'y prendre part, car l'essentiel dans la vie n'est pas tant de conquérir que de bien lutter ».

Le baron Pierre de Coubertin.

P. Paraskevopoulos, Grèce, médaille d'argent, Jeux olympiques d'Athènes, 1896.

3 Quelles disciplines sont représentées ?

Les épreuves des Jeux olympiques se sont modifiées et multipliées au cours des siècles. À l'origine, les Jeux ne comptaient qu'une seule épreuve : la course à pied autour d'un stade (dromos). À cette épreuve unique sont ensuite venues s'ajouter d'autres disciplines sportives, à tel point qu'aux Jeux olympiques de Pékin en 2008, on comptait 28 sports pour 302 épreuves !

• LES DIFFÉRENTES DISCIPLINES

Toutes les nouvelles ont en commun d'évoquer un sport qui fait ou a fait partie des disciplines requises pour les Jeux olympiques. Le cyclisme, mentionné dans « Main courante » et « Le Crack » apparaît lors de la première olympiade en 1896. Il en est de même pour l'athlétisme, discipline dont il est question dans « Coup de pompe » et « Olympiades ». L'équitation (« La Cavalière »), ainsi que le football (« Solitude numérique », « La Soixante-quinzième minute »), prennent place sur la scène olympique pour la première fois en 1900, tandis que la boxe ne fait son apparition qu'en 1908, à Londres. C'est le comité olympique qui choisit ou non de laisser ces disciplines aux jeux. On peut ainsi noter que le C.I.O décide de supprimer, aux J.O de 1904 (3e olympiade, Saint-Louis), la lutte à la corde et la pelote basque, sports pourtant pratiqués aux J.O. de Paris. En revanche, certaines disciplines n'ont jamais disparu : l'athlétisme, la natation, le cyclisme, ainsi que la gymnastique.

• L'ATHLÉTISME

Historiquement, l'athlétisme est la première épreuve des Jeux olympiques. D'abord réduite à la course à pied autour d'un stade, l'athlétisme est très vite devenue une discipline recoupant diverses épreuves comme celles du 100 m, 200 m, 400 m, 800 m, 1 500 m, 5 000 m, 10 000 m, 110 m haies, 400 m haies, mais aussi le relais 4×100 m, 4×400 m, le 3 000 m steeple et le marathon !

Shelly-Ann Fraser gagne la finale du 100 m femmes le 17 août 2008 aux Jeux olympiques de Pékin.

Champion éternel

La nouvelle de Paul Fournel, « Olympiades », qui met en scène un coureur de 400 m haies, montre, à travers son simple titre, l'importance et l'influence de l'athlétisme sur les Jeux olympiques. En refusant de courir, Alberto ne refuse pas simplement de perdre une course : il refuse de perdre les Jeux olympiques.

4 Quels liens existe-t-il entre la politique et les Jeux olympiques ?

Les Jeux olympiques antiques sont, de manière générale, le théâtre d'un défilé religieux et politique : les prêtres et les notables (ceux qui choisissent les athlètes qui doivent concourir) défilent dans le stade olympique avant les sportifs !

● DES ÉVÉNEMENTS MARQUANTS

La restauration des Jeux olympiques modernes en 1896 est l'occasion d'inscrire à nouveau la dimension idéologique et politique au sein des Jeux. Si chaque olympiade est une occasion pour faire passer des messages politiques aux yeux du monde, certains Jeux deviennent la scène de conflits idéologiques. Certains faits particulièrement marquants ont ainsi eu lieu à l'occasion de ces Jeux : autant d'événements qui se situent non plus sur le plan sportif, mais bien historique.

Jesse Owens, médaille d'or (saut en longueur), Jeux olympiques de Berlin, 1936 (à gauche Naoto Tajima (Japon), médaille d'argent, à droite Wilhelm Leichum (Allemagne), médaille de bronze.

Sport et Histoire

En 1936, à Berlin, Jesse Owens, un noir américain, remporte quatre médailles d'or en athlétisme, démontrant par-là même à Hitler l'inanité de sa théorie aryenne[1]. Comme l'écrit Dominique Paganelli, Jesse Owens « courait plus vite, sautait plus loin que les *Übermenschen* ! » (les surhommes). Le Führer, qui souhaitait prouver le bien-fondé de sa politique à travers les Jeux, subit un outrage. La supériorité de l'Allemagne nazie est ainsi démentie.

En 1968, à Mexico, lors de la cérémonie du 200 m, deux athlètes noirs américains, Tommie Smith et John Carlos, lèvent leur poing ganté et fixent le sol au lieu de regarder le drapeau américain, geste de protestation contre la discrimination subie par les Noirs aux États-Unis. La sanction est immédiate : les deux sportifs, partisans du « black power »[2], sont suspendus et exclus du village olympique.

1968, jeux olympiques de Mexico : Tommie Smith (médaille d'or) et John Carlos (médaille de bronze), partisans du « black power ».

À Munich, dans la nuit du **5 septembre 1972**, des terroristes palestiniens appartenant à l'organisation « Septembre noir » s'introduisent dans les locaux de la délégation israélienne et prennent en otage des sportifs. Onze otages seront tués ; la trêve sacrée des Jeux olympiques a été bafouée.

En 1980, dans un contexte de Guerre Froide, les États-Unis, ainsi que d'autres pays occidentaux refusent de participer aux Jeux de **Moscou**, ouverts au stade Lénine. C'est la plus faible participation depuis 1956.

En 2008, le choix de **Pékin** comme organisateur des J.O. est contesté et crée la polémique dans le monde entier. Plusieurs chefs d'État décident de boycotter la cérémonie d'ouverture des J.O., car la Chine est considérée comme un pays qui ne respecte pas les Droits de l'Homme.

1. **Aryen :** personne qui, selon l'idéologie nazie, représenterait l'élément supérieur de la race blanche.
2. ***Black power*** : littéralement, signifie « le pouvoir des Noirs ».

5 Quels sportifs sont emblématiques des Jeux olympiques ?

Les sportifs emblématiques des Jeux olympiques sont liés aux principales disciplines évoquées précédemment. Si gagner une médaille d'or constitue une consécration, en remporter plusieurs fait entrer l'athlète dans la légende. Quelques sportifs seulement sont parvenus à réaliser cet exploit...

• EN ATHLÉTISME : JESSE OWENS ET CARL LEWIS

Aux J.O. de Berlin, sous les yeux d'Hitler, le sprinter noir américain, Jesse Owens, remporte 4 médailles d'or et bat des records olympiques. Un homme, ce jour-là, a défié la vitesse et l'Histoire. Il en sort vainqueur.

C'est à 35 ans, aux Jeux olympiques d'Atlanta, que Carl Lewis grave à jamais son nom dans l'histoire du sport. Il remporte sa quatrième médaille d'or du saut en longueur, soit sa neuvième médaille d'or aux J.O. Il est dès lors considéré comme l'athlète du siècle.

• EN GYMNASTIQUE : NADIA COMANECI

Considérée comme l'« enfant prodige » de la gymnastique aux J.O. de Montréal, en 1976, la petite Roumaine de 15 ans se voit attribuer à sept reprises la note de 10/10. Ce record reste invaincu et invincible.

• EN NATATION : MARC SPITZ ET MICHAEL PHELPS

Aux Jeux olympiques de Munich, en 1972, le nageur américain Marc Spitz bat tous les records en décrochant 7 médailles dans la même olympiade.

Michael Phelps s'était promis d'être aux J.O. de Pékin le sportif le plus titré des Jeux olympiques. C'est chose faite, puisqu'à Pékin, en 2008, il remporte 8 médailles d'or. Du jamais vu pour une olympiade ! Phelps, « l'homme poisson », devient avec ces victoires l'homme le plus titré des Jeux olympiques (14 médailles au total).

Carl Lewis (médaille d'or au 200 m en 1984). Jeux olympiques d'Atlanta, 1996.

Nadia Comaneci, médaille d'or, Jeux olympiques de Moscou, 1980.

Michael Phelps, médaille d'or au 4 × 100 m, Jeux olympiques de Pékin, 2008.

Petit lexique littéraire

Chute — Dans une nouvelle, dénouement bref, inattendu, qui cherche à surprendre le lecteur.

Connecteur logique — Mot ou locution qui marque un rapport logique entre des propositions ou des phrases.

Dénouement — Moment du récit où les problèmes trouvent leur résolution.

Genre littéraire — Selon une classification qui date de l'Antiquité grecque et qui a été repensée au XIXe siècle, il existe en littérature différents genres, dont la poésie, le théâtre, le roman et la nouvelle.

Humour noir — Forme d'esprit qui consiste à présenter une réalité tragique d'une manière humoristique.

Hyperbole — Figure de style consistant à exagérer un mot ou une expression.

Incipit — Mot emprunté au latin signifiant « qui commence ». Nom donné pour désigner le début d'un roman ou d'une nouvelle, l'ouverture d'un récit.

In medias res — Expression désignant le fait qu'un récit débute alors que l'action a déjà commencé, sans qu'il y ait de véritable présentation des personnages, du cadre, etc.

Intrigue — Assemblage des événements qui constituent une histoire.

Ironie — Procédé rhétorique qui consiste à dire l'inverse de ce que l'on pense.

Nouvelle — Texte bref qui narre un événement censé s'être réellement produit.

Paradoxe	Formule qui contient une contradiction.
Pathétique	Ce qui est propre à émouvoir fortement.
Péjoratif	Négatif, dévalorisant.
Périphrase	Expression permettant de désigner quelqu'un ou quelque chose d'une manière différente et en apportant des éléments de description (ex. la mer : la grande bleue).
Récit-cadre	Lorsqu'un texte comporte des récits enchâssés, le récit premier, qui sert de cadre, de délimitation, est appelé récit-cadre.
Récits enchâssés	Récits qui sont emboîtés les uns dans les autres.
Quiproquo	Situation dans laquelle quelqu'un ou quelque chose est pris pour un autre, ce qui entraîne des confusions souvent drôles. Procédé surtout utilisé au théâtre.
Recueil	Livre réunissant plusieurs textes d'un même genre ou portant sur un même thème (recueil de poésie, recueil de nouvelles...).
Satire	Texte qui dénonce et critique quelque chose ou quelqu'un à travers la moquerie.
Topos	Idée reçue par rapport à un thème, une description, une tournure de phrase... C'est la reprise de formules, arguments, souvent employés en littérature.

À lire et à voir

● QUELQUE SITES INTERNET POUR MIEUX CONNAÎTRE LES AUTEURS

– **Sur Daeninckx**

http://fr.wikipedia.org/wiki/Didier_Daeninckx

http://www.editions-verdier.fr/v3/auteur-daeninckx.html

http:/pagesperso-orange.fr/calounet/biographies/daeninckx_biographie.htm

http:/www.evene.fr/celebre/biographie/didier-daeninckx-4987.php

– **Sur Paganelli**

www.evene.fr/celebre/biographie/dominique-paganelli

– **Sur Fournel**

http://www.paulfournel.com/

● D'AUTRES NOUVELLES DE DAENINCKX

Main courante, Éditions Verdier, 1994

Passages d'enfer, Éditions Denoël, 1998

Tu retrouveras les deux nouvelles étudiées ainsi que d'autres de Daeninckx dans ces deux recueils.

● D'AUTRES NOUVELLES DE FOURNEL

Les Athlètes dans leur tête, Éditions du Seuil, 1994

Les nouvelles présentées ici sont extraites de ce recueil dans lequel tu trouveras d'autres textes.

● D'AUTRES NOUVELLES DE PAGANELLI

Libre arbitre, Onze histoires loyales ou déloyales du football mondial, Éditions Actes Sud, 2006

La nouvelle « La Soixante-quinzième minute » est extraite de ce recueil dans lequel tu trouveras d'autres textes du même auteur.

D'AUTRES NOUVELLES ET ROMANS SUR LE SPORT

Le Coup du sombrero, Marc Villard, ÉDITIONS L'ATALANTE, 2008

Dans ce recueil de nouvelles, l'auteur parle du football de manière à la fois humoristique et grave.

Droit au but, collectif, ÉDITIONS FOLIO JUNIOR, 2004

Ce recueil est constitué de cinq nouvelles portant sur le football, mais aussi sur les valeurs véhiculées par ce sport.

Le défi d'Alfred, Robert Lipsyte, ÉDITIONS L'ÉCOLE DES LOISIRS, COLL. « MÉDIUM POCHE », 1990

Ce roman retrace l'histoire d'Alfred, jeune noir vivant dans les ghettos aux États-Unis et n'ayant que la boxe pour s'en sortir.

Le Ballon d'or, Yves Pinguilly, ÉDITIONS RAGEOT, COLL. « CASCADE », 1994

Bandian est un garçon de onze ans qui vit en Haute-Guinée. Son rêve : devenir champion de foot. Mais cela est difficile au regard de ses conditions de vie...

Astérix aux Jeux olympiques, Goscinny/Uderzo, ÉDITIONS DARGAUD, 1968

Astérix et Obélix se rendent en Grèce, à Olympie, pour participer aux Jeux olympiques.

DES FILMS SUR LE SPORT

À mort l'arbitre !, FILM DE JEAN-PIERRE MOCKY, 1984

Pour avoir sifflé un penalty entraînant la défaite de l'équipe locale, un arbitre est poursuivi par les supporters de l'équipe perdante.

Rocky, FILM DE JOHN G. AVILDSEN, 1976

Ce film relate la vie d'un boxeur, Rocky Balboa, à qui l'on offre un jour la chance de défier le champion du monde des poids lourds.

Ali, FILM DE MICHAEL MANN, 2002

Ce film retrace la vie de Muhammad Ali, boxeur légendaire.

Million Dollar Baby, FILM DE CLINT EASTWOOD, 2005

Une jeune femme, Maggie, rêve de monter sur le ring. Elle demande à un coach, Frankie Dunn, de l'entraîner, mais celui-ci est désabusé. Après plusieurs demandes, il consent finalement à la coacher.

Le Vainqueur (Running), FILM DE STEVEN HILLIARD STERN, 1979

En pleine crise existentielle, un homme tente de remonter la pente en pratiquant la course à pied. Son but : gagner les Jeux olympiques.

Les Chariots de feu (Chariots of Fire), FILM DE HUGH HUDSON, 1981

Lors des Jeux olympiques de Paris, en 1924, deux athlètes prédisposés pour la course à pied se servent de leur don, l'un pour combattre les préjugés antisémites, l'autre pour affirmer sa foi religieuse.

Le Grand défi (Hoosiers), FILM DE DAVID ANSPAUGH, 1986

Norman Dale, ex-entraîneur de basket, se voit un jour confier la responsabilité de l'équipe du collège d'Indiana, afin de remporter le championnat de l'État.

Le Prix de l'exploit (American Flyers),
FILM DE JOHN BADHAM, 1985

Marcus et son frère David se lancent dans la course cycliste la plus dangereuse des États-Unis.

Table des illustrations

2 ph © Archives Hatier
5-b ph © Hulton Archive/Getty Images
5-h ph © Fred Dufour/AFP
7-b ph © Mark Dadswell/AFP
7-h ph © Louis Monier/Gamma/Eyedea
9-b ph © Jupiterimages/Getty Images
9-h ph © Martin Bureau/AFP
17 ph © Ullstein bild/AKG Images
37 ph © John Bragg/Taxi/Getty Images
74 ph © Lecoq/Presse Sports
78 ph © BPK, Berlin, Dist. RMN/Johannes Laurentius
79 ph © The British Museum, Londres, Dist. RMN/The Trustees of the British Museum
81-b ph © United Archives/Leemage
81-h ph © Selva/Leemage
83 ph © Pedro Ugarte/AFP
84 ph © Popperfoto/Getty Images
85 ph © Popperfoto/Getty Images
87-b ph © Cameron Spencer/AFP
87-d ph © DPA/Camera Press/Gamma/Eyedea
87-g ph © Don Emmert/AFP

et pages 52 à 75 : ph © Archives Hatier

Iconographie : Hatier illustration
Principe de maquette : Marie-Astrid Bailly-Maître & Sterenn Heudiard
Suivi éditorial : Marjorie Champetier
Illustrations intérieures : Frédéric Rébéna
Composition : Compo 2000

IMPRIM'VERT
Votre imprimeur agit pour l'environnement

PAPIER À BASE DE FIBRES CERTIFIÉES

Hatier s'engage pour l'environnement en réduisant l'empreinte carbone de ses livres.
Celle de cet exemplaire est de :
300 g éq. CO_2
Rendez-vous sur
www.hatier-durable.fr

Achevé d'imprimer en Italie par L.E.G.O. S.p.A. - Lavis (TN)
Dépôt légal: 96300-1/03 - décembre 2014